U0721313

星星之火

李 涛 著

青岛出版集团 | 青岛出版社

本书封面插图为油画《三大主力会师》（局部）。

图书在版编目（CIP）数据

星星之火 / 李涛著. -- 青岛 : 青岛出版社, 2024. 10. -- (写给青少年的红色战典). -- ISBN 978-7-5736-2375-1

Ⅰ. E29-49

中国国家版本馆CIP数据核字第2024CB4980号

XIEGEI QINGSHAONIAN DE HONGSE ZHANDIAN
丛 书 名　**写给青少年的红色战典**
XINGXING ZHI HUO
书　　名　**星星之火**
著　　者　李　涛
改　　编　陈忠海
点　　评　王　雷
封面插图　蔡　亮　张自嶷
出版发行　青岛出版社
社　　址　青岛市崂山区海尔路182号（266061）
本社网址　http://www.qdpub.com
邮购电话　0532-68068091
选题策划　翟宁宁
责任编辑　翟宁宁　刘　蕾　刘超然
美术编辑　于　洁　李兰香
封面设计　潘　洋
印　　刷　青岛海蓝印刷有限责任公司
出版日期　2024年10月第1版　2024年10月第1次印刷
开　　本　16开（710mm × 1000mm）
印　　张　16.5
字　　数　150千
书　　号　ISBN 978-7-5736-2375-1
定　　价　40.00元

编校印装质量、盗版监督服务电话：4006532017　0532-68068050
建议陈列类别：青少年读物

前言

古往今来，大到一个民族、一个国家，小到一个家族、一个家庭，生生不息和长盛不衰的奥秘不在于累积多少名望、多少财富，而在于是否有一代一代合格的，有骨气、有信仰的传人。青少年是国家的未来、民族的希望，习近平总书记反复强调“培养担当民族复兴大任的时代新人”“一代人有一代人的长征，一代人有一代人的担当”。2019 年 3 月 18 日，习总书记在主持召开学校思想政治理论课教师座谈会时强调，办好思想政治理论课，最根本的是要全面贯彻党的教育方针，解决好培养什么人、怎样培养人、为谁培养人这个根本问题。要用新时代中国特色社会主义思想铸魂育人，落实立德树人的根本任务。

众所周知，中国人民解放军是由中国共产党缔造、领导和指挥的人民军队，从武装斗争中诞生，在浴血奋战里成长，冲破艰难险阻，纵横山河疆塞，战胜了一个个强敌，创造了无数个奇迹，书写了一部气势恢宏的英雄史诗。在九十多年的辉煌历程中，人民军队经历了大大小小数千次战役战斗。从土地革命战争时期的黄洋界保卫战、四渡赤水、飞夺泸定桥，到抗日战争时期的平型关大捷、雁门关伏击战、百团大战；从解放战争时期的苏中战役、孟良崮战役、三大战役，到抗美援朝战争时期的五次战役、上甘岭战役、金城战役……这一个个经典战例，一个个战争奇观，汇成了人民军队从无到有、由弱转强的发展壮大史，令人叹为观止。

天下虽安，忘战必危。当今世界正经历百年未有之大变局，我国面临的安全和发展形势更趋复杂。加强全民国防教育，尤其增强青少年的国防观念，是党和国家始终高度重视的一个重要战略问题。《写给青少年的红色战典》选取了80个经典战例，每个战例包括战役战斗背景、战役战斗经过和战例点评三个部分，同时配以珍贵的历史图片，通过生动的语言、动情的笔触，展现人民军队在土地革命战争、抗日战争、解放战争、抗美援朝战争时期创造的石破天惊的经典战例、书写的荡气回肠的英雄传奇、孕育的凝心聚魂的战斗精神，让青少年更好地了解革命先烈的英雄壮举、革命道路的艰难曲折、革命胜利的来之不易，更好地接受爱国主义教育和国防教育，从小培育社会主义核心价值观。这也正是创作、出版本套书的初衷。

在写作过程中，作者参考了一批历史文献资料、当事人回忆录。作家陈忠海进行了改编工作，军事科学院解放军党史军史研究中心副研究员王雷为本套书撰写了战例点评，青岛出版社晓童书编辑团队为丛书的最终付梓付出了艰辛的努力，在此一并表示感谢。由于作者水平以及查阅资料等因素所限，书中难免有不当之处，恳请读者批评指正。

李　涛

2023年12月

目录

黄洋界保卫战

1921年，中国共产党成立。1927年8月，周恩来、贺龙、叶挺、朱德等领导部分国民革命军发动南昌起义。1927年9月，毛泽东领导工农武装和国民革命军第二方面军总指挥部警卫团发动湘赣边界秋收起义。1927年10月，毛泽东率领参加秋收起义的工农革命军到达位于湖南、江西两省交界处罗霄山脉中段的井冈山地区。1928年4月，朱德、陈毅率领自湘南撤离的部队到达井冈山，和毛泽东领导的工农革命军会师，合编成立工农革命军第四军（后改称中国工农红军第四军），朱德任军长，毛泽东任党代表兼军委书记。革命的烈火越烧越旺，国民党反动派坐不住了，他们加紧了对井冈山革命根据地的进攻。当年8月，国民党军趁红军主力在外线作战之机，以重兵对井冈山革命根据地发动了围攻。

黄洋界又名“汪洋界”，是井冈山革命根据地的一处重要哨口。这里山势险要，到处是悬崖峭壁，有“一夫当关，万夫莫开”的气势。此外，这里雾气还特别大，一年四季中有三个季节常常弥漫着云雾，人们站在高处眺望，眼前好像汪洋大海一样一望无际。1928 年 8 月，著名的黄洋界保卫战打响。

★井冈山云海（李宗宪　摄）

多路顽敌来袭

1928 年 8 月，中国工农红军第四军主力在湘南行动受挫，之后与毛泽东率领的红三十一团第三营在桂东会合。

8月下旬，趁红四军主力未归，国民党军5个团向井冈山扑来。

留守井冈山革命根据地的是红三十一团一部和红三十二团。敌我双方在兵力、装备上差距较大。

红军战士面临缺粮少弹的困难，平均每名战士只有两三发子弹。虽然是夏天，但山里夜晚气温很低，战士们衣着单薄，没有棉被，一个班只有两三条毛毯，战士们晚上站岗时只能依偎在一起，有的战士在身上盖些茅草御寒。

拟订作战方案

尽管面临这么多困难，红军指战员的士气仍然很高昂。面对敌人的进攻，红三十一团团长朱云卿、党代表何挺颖召集大家开会，研究对策。大家没有被困难吓倒，纷纷出主意、想办法，气氛十分热烈。

有的战士说："井冈山革命根据地是无数战友用鲜血和生命换来的，无论如何不能放弃，誓与敌人战斗到底！"

有的战士说："敌人的数量是咱们的十几倍，但也不可怕，咱们可以利用黄洋界山高林密的有利地形弥补兵力的不足！"

还有的战士说："咱们缺少武器弹药，可以把山上的石头用作武器，还可以用木头制作武器。山里的猎户常用竹钉对付野兽，

★红军在保卫井冈山战斗中修筑的工事

咱们就把‘白狗子’（指敌人）当野兽，给他们布个‘竹钉阵’！”

经过讨论，作战方案越来越成熟，大家的信心也越来越足。

小小竹钉威力大——凶猛的野兽都能制伏，对付敌人更不成问题。在对敌军的进攻路线进行分析之后，红军决定沿通往大陇、茅坪两个方向的小路布设几千米长的“竹钉阵”。

制作竹钉可以就地取材，何挺颖动员山上的军民参与制作，大家都积极响应，一些伤员也赶来帮忙。为了增强竹钉的杀伤力，大家在把竹子削成竹钉后，采用火烧、浸泡的办法使其更加锋利。

战士们挖了很多壕沟，让敌人无法顺利通过；砍了很多树木堆在紧要的路口——敌人要通过路口，只能先清理这些障碍，埋伏在附近的战士们就能趁机向敌人射击了。

战士们加固了工事，搬出了土炮，还在一些地方埋设了土地雷。山下的乡亲们也被动员上山，准备在战斗打响后，在铁桶里燃放鞭炮，“冒充”红军大部队的枪炮声，或者在山林里呐喊助威，以壮大红军的声势。

“竹钉阵”威力大

朱云卿、何挺颖对有限的兵力进行了分配：1 个连守卫黄洋界哨口两侧的主要工事，阻击敌人；1 个排守卫哨口北侧的工事，防御来犯之敌；2 个排负责山顶的瞭望哨，并担任预备队。此外，他们派出红军小分队和赤卫队下山，绕到敌人侧面和后方不断袭扰，其他赤卫队、暴动队隐蔽在各个山头，配合红军作战。

8 月 30 日清晨，大雾刚散，敌人就来了。敌兵沿着陡峭的山路直扑黄洋界，摆出战斗队形，在强大火力的掩护下向山上发起了攻击。“嗖嗖——”，敌人射出的子弹从红军战士们的头上呼啸而过；“轰轰——”，炮弹在红军阵地附近接二连三地炸响，随后升起团团烟尘……红军战士们都很镇定沉着，耐心等待战斗时机。朱团长命令战士们：“等敌人靠近了再打，保证枪响人倒，弹无虚发！”

山里的路很窄，敌兵人数多，他们只能一个挨一个前进，兵力无法展开。敌人分批往山上爬，走在前面的敌兵首先尝到了“竹钉阵”的苦头——他们只顾往山上看，一不留神就被埋在草丛里的竹钉扎伤，不时发出“啊啊——”的惨叫声。

敌人费了好大力气，才通过了“竹钉阵”，到了山口。

“黄洋界上炮声隆”

敌兵在机枪的掩护下，叫嚣着往前冲。50 米，40 米，只剩下 30 米了……

朱云卿猛然一声令下：“打！”

红军战士手中的各种武器一齐开火，冲在前面的敌兵呼啦啦倒下一片，死的死，伤的伤，鬼哭狼嚎地叫起来。后面的敌兵吓得魂飞魄散，转身就跑。

山上路窄，敌兵你拥我、我挤你，有的慌不择路，有的想抄小路逃命，结果踩上了竹钉。敌兵有的被刺伤了脚跟，有的被刺穿了脚板，疼痛难忍。隐蔽在周围的赤卫队、暴动队用单响枪、鸟铳、土制手榴弹等向敌人发起攻击。

正在这时，漫山遍野响起了密集的机枪声、激昂的军号声和震耳欲聋的呐喊声，这是红军布下的疑兵阵：机枪声是人们在铁桶里燃放鞭炮的声音，军号声和呐喊声是妇女会、儿童团、暴动队模仿红军战斗制造出的响声。

“嗒嗒嗒……”

“冲啊……”

“杀啊……”

喊杀声响彻山谷，山林里仿佛藏着千军万马，敌人闻风丧胆，一个个丢盔卸甲，逃下山去。

敌人不甘心失败，在军官的督战下再次向山上发起冲锋。刚冲上去的敌兵一露头又遭到红军战士的痛击，再一次连滚带爬地败了下去。敌人一连发起了几次冲锋，除了留下一具具尸体，就是给红军送上了武器弹药。

不过，这伙敌军毕竟是正规军，每次冲锋失败后，他们都会寻找红军阵地的薄弱点。最后，一部分敌兵还是冲到了红军阵地上，英勇的红军指战员和赤卫队员们举起棍棒、竹竿、石头与敌人展开了激烈的肉搏战。督战的敌兵军官大喊：“‘赤匪’的子弹打光了，弟兄们不要怕，快往上冲啊！”

16 时左右，敌军又一次向黄洋界哨口发起猛攻。危急关头，几名红军战士把机械厂刚刚修理好的一门迫击炮抬了过来，可惜只有 3 发炮弹。

朱云卿下令：“炮弹太少，不能打登山的敌人，瞄准后面的敌军指挥所发射！”

随着“轰轰”几声巨响，炮弹精准命中敌军指挥所，敌军被炸了个人仰马翻。附近的敌兵开始往回逃，其他地方的敌兵看到这种情况，也跟着逃命。

“快跑！快跑啊！”“朱毛主力回来了！”敌人边跑边喊，

逃离了黄洋界，连夜逃回了老巢。

9 月 8 日，红四军主力回到井冈山。

毛泽东在听完指挥员关于战斗过程的汇报后十分高兴，做了一首《西江月·井冈山》来纪念这场保卫战：

山下旌旗在望，山头鼓角相闻。敌军围困万千重，我自岿然不动。　　早已森严壁垒，更加众志成城。黄洋界上炮声隆，报道敌军宵遁。

在黄洋界保卫战中，红四军一部在赤卫队和人民群众的支援

★黄洋界保卫战纪念碑

下，经过激战将敌军打退，取得了胜利，为红军主力回师井冈山并打破国民党军的“会剿”创造了条件。

★ 1938 年，毛泽东与井冈山斗争时期的部分同志在延安合影。

战例点评

打仗有战场，而战场决胜的关键因素通常有两个：一个是“地利”，另一个是“人和”。黄洋界保卫战可谓两者兼得。

此战，红军凭借天险，又预有准备，此为“地利”。根据地人民经过充分动员，积极支持红军作战，使得敌人在根据地变成了瞎子、聋子，处处被动挨打，而红军则消息灵通，补给充分，占据主动，此为“人和”。这样的战场条件为红军取得胜利奠定了基础。

此外，国民党军自身的痼疾又给对手送上一分。当时，进攻井冈山地区的是湘军、赣军 5 个团，而湘军、赣军发生内讧、相互拆台由来已久。他们作战消极，出工不出力，更难以做到协同配合。正所谓“上下同欲者胜”，在这种分进不合击、齐头不齐心的内耗之下，遇到“早已森严壁垒，更加众志成城”的红军将士，国民党军失败就不足为奇了。

人心齐，泰山移。一个人的力量是有限的，团结力量大。在中华民族实现伟大复兴的新征程中，中华儿女团结一致，心往一处想，劲儿往一处使，必然能够汇聚起巨大的力量，战胜前进道路上的诸多困难，勇毅笃行，迈向辉煌。

三打龙岩

井冈山革命根据地的壮大令国民党军十分紧张。1929年5月，国民党江西省政府主席朱培德调集兵力，向活动在赣南地区的红四军发动进攻。面对敌众我寡的严峻形势，朱德、毛泽东等红四军领导人认为不能与敌人硬拼，而要采取机动灵活的战术，诱敌深入，于是决定挺进闽西，创建闽西革命根据地。22日，红四军主力进至龙岩城以西的小池地区。当时，驻守龙岩的国民党福建省防军第一混成旅开赴广东潮汕地区与粤军作战，造成闽西地区兵力空虚。红四军决定乘虚攻打龙岩城。

闽西指的是福建西南部地区，这里与江西省、广东省相邻，福建省的两条大江——九龙江、汀江发源于此。闽西的中心城市是龙岩，驻防这里的国民党军是福建省防军第一混成旅，旅长是陈国辉。

一打龙岩城

1929年5月22日，红四军抵达龙岩城西15千米的小池镇。毛泽东、朱德等在这里召开军事会议，听取中共闽西临时特委派来的代表介绍龙岩城

★龙岩小池赞生店，红四军前委曾在此处开会研究部署攻打龙岩计划。

敌情。

据介绍，陈国辉部下辖3个营和6个补充营，在主力赴广东参战后，只留下不到500人的兵力驻守龙岩城。该部原来是闽南一股打家劫舍、为害一方的土匪，被收编后盘踞在龙岩、漳平、宁洋一带横征暴敛、巧取豪夺。百姓对他们深恶痛绝。

当时有一首民歌唱道：

腊月里来冷凄凄，
龙岩来了陈国辉。
有了几支破火筒，
害得百姓尽吃亏。

★红四军第一次攻打龙岩城誓师大会广场遗址

5 月 23 日清晨，激烈的枪声突然在龙岩城外响起。红四军第一、第三纵队以迅雷不及掩耳之势，迅速攻占了龙岩城近郊的敌军前哨阵地龙门。

守军猝不及防，很快溃不成军，向龙岩城内仓皇逃窜。红军指战员奋起追击，紧紧咬住敌人不放，紧随敌人杀进龙岩城。与此同时，第二纵队也攻下了城北面松涛山上的制高点最高亭阵地，直插北门，向城内发起猛攻。城内守军根本不是红军的对手，纷纷缴械投降。

中午，红军占领龙岩城。

二打龙岩城

占领龙岩并不是红军的唯一目的，红军还要通过攻打龙岩调动陈国辉部主力回援，创造机会将其歼灭。因此，当天下午红四军就押解 300 多名俘虏撤出了龙岩城，后来转移到邻近的永定县一带的乡村，在那里分兵发动群众，肃清反动民团势力。

果然，逃到漳平永福的龙岩守军残部向国民党福建省政府和远在广东的陈国辉告急，并纠集漳平等地的散兵游勇和土劣民团窜回龙岩城。

红四军前委决定以第三纵队为主，在闽西红五十九团和龙岩地方革命武装的协助下，第二次攻打龙岩。

6 月 3 日拂晓，攻城部队分为南北两路，首先攻占城外周围山头，然后集中主力向西门进攻。守敌一触即溃，红四军再次占领了龙岩城。

红军和地方武装在龙岩城内中山公园召开群众大会，宣布成立龙岩县革命委员会，邓子恢任主席。龙岩、永定两县人民群众发动起来，将地方反动武装基本肃清。

陈国辉听说老巢再次被红军攻克，极为震惊，率主力日夜兼程回援，盘踞在上杭城内的钟铭清团也进驻上杭东北白砂。获悉敌情后，朱德、毛泽东命令第三纵队和闽西红五十九团撤出龙岩城，以诱敌深入。

为了骗过陈国辉，红军派出小股部队沿途阻击，边打边退，巧妙周旋，制造出不敢与之交锋的假象。陈国辉看到龙岩成为一座空城，不顾一切前进，誓要夺回老巢。

使出诱敌计

白砂是上杭县东北部的大集镇，也是通往龙岩的咽喉要冲。

红四军要消灭陈国辉部，首先要解决驻守在白砂的钟铭清团。钟铭清团实际兵力不足一个营，曾遭红四军重创，对红军既恨又怕。钟铭清以为红四军主力尚在龙岩城，便在白砂打出“誓师灭共”的大旗。

★上杭县白砂镇旧貌

6月5日，毛泽东在大池召开红四军干部会议，决定趁陈国辉部尚未赶回龙岩先打白砂，吃掉钟铭清团，为全歼陈国辉部创造条件。

6月7日，正值农历五月初一，又恰逢当地抬“定光古佛”的民俗活动日，群众从十里八乡赶来，熙熙攘攘，好不热闹。白砂守敌三五成群也在镇上四处游荡。

清晨，红军在毛泽东、朱德等的率领下兵分三路对白砂形成扇形包围态势。疏于戒备的守敌仓促应战，被打了个措手不及，在红军雷霆万钧的打击下很快溃不成军。

激战一个多小时，除团长钟铭清率少数随从逃跑外，其余白砂守敌全部被歼灭。战后，当地群众传诵一首民谣：

> 五月里来开禾花，
> 红军开来打白砂。
> 四周包围无处走，
> 杀得匪军满地爬。

红军连战连捷，上杭县农民群众相继举行暴动，斗争的烽火一直燃烧到上杭县城郊。

6 月 10 日，红四军由上杭县旧县镇北上连城县新泉，做出向西返回赣南（江西省南部）的假象，迷惑和麻痹正匆匆赶回龙岩城的陈国辉。

几天后，陈国辉率部急如星火般“顺利”撤回龙岩城。不久又传来红四军已在新泉驻扎多日的消息，陈国辉彻底放了心。

陈国辉得意忘形，趾高气扬地在龙岩城里举行“祝捷大会”，宣布放假三天，日夜唱戏，放纵部下吃喝嫖赌，把龙岩城搞得乌烟瘴气。国民党的报纸更是大肆吹嘘：“陈国辉班师进剿”取得“重大胜利”，朱毛红军“败退”江西……

被“胜利”冲昏头脑的陈国辉做梦也没想到，他的末日很快就要来临。6 月 17 日，红四军离开新泉，秘密挥师东进，奔袭龙岩，于第二天下午进抵小池。

这时正值多雨季节，夜黑如漆，山道泥泞，但红军指战员士气高昂，不畏艰辛，各部均按预定时间进入作战地域。当地群众积极支援红军行动，严密封锁消息——红军把龙岩城团团包围后，城内的敌人竟然毫不知情，还在呼呼大睡。

三打龙岩城

6 月 19 日拂晓，三打龙岩的战斗打响了。

攻击首先从北门开始。第三纵队一部突袭松涛山，直扑最高亭机枪阵地。最高亭是俯瞰全城的制高点，敌军驻有一个营的兵力。

红军打出的迫击炮弹准确地命中目标，之后红军迅速抢占了最高亭机枪阵地。

北门战斗打响后，第一纵队第一支队猛扑龙岩城南屏障莲花山石锣石鼓阵地，迅速消灭守敌一个营。

与此同时，第二纵队攻入西门，战斗进入白热化阶段，敌人以房屋为工事负隅顽抗。激战持续两个多小时，红军虽然给敌人造成大量杀伤，但战斗进展不大，自身也有不少伤亡。

紧急关头，朱德亲临火线指挥，命令部队采取“掏墙挖洞”

★三打龙岩后，朱良才、谭政、毛泽东、陈毅（左起）在龙岩城合影。这是目前发现的毛泽东在龙岩的唯一照片。

的战术对敌军分割包围、各个击破——红军战士把这种战术戏称为“打老鼠”。战士们开始逐房逐屋地“掏墙挖洞”，迅速将残敌压缩到几座大院里。

红军战士还开展了瓦解敌军的工作，进行阵前喊话，宣传红军政策：“穷人不打穷人”“士兵不打士兵”“欢迎白军弟兄来当红军”“红军不杀投诚官兵”“红军优待俘虏”……

在红军强大的军事压力和政治攻势前，一些走投无路的敌人放下武器，手里摇晃着小白旗走出院子投降。

激战到下午 2 时，城内守军大部分被歼灭。

陈国辉看到大势已去，化装成士兵，混在乱军中狼狈逃出了龙岩城。群龙无首的残敌再也无力顽抗，乱哄哄地拥出东门，争相逃命。他们顺着河边逃窜到城郊东宫山下，遭到早已埋伏在这里的红军猛烈阻击，顿时被打倒一大片。剩下的残兵败将见无路可逃，只好乖乖地举手投降，龙岩城第三次获得解放。

此战，红军共歼灭陈国辉旅主力2000余人，缴获枪900余支和迫击炮4门，取得进军闽西以来的又一个大胜利。

★ 1930年3月，闽西苏维埃政府在龙岩成立。图为闽西苏维埃政府旧址。

红军三次攻进龙岩城，又两次干净利落地退出，体现了不畏强敌、能进能退、诱敌深入的军事智慧。“三打龙岩”是毛泽东军事思想的伟大胜利，为闽西革命根据地的初步建立奠定了基础。

战例点评

“凡与敌战，其将愚而不知变，可诱之以利。彼贪利而不知害，可设伏兵以击之，其军可败。”这段引自《百战奇法》的论述，用来描述三打龙岩之战，再贴切不过。军事对垒双方无一不是为利而战。“兵以诈立，以利动。”示之以利，常常可使敌军将领失去理智。中华成语宝库中有“利令智昏”一词，正是对这一观点的生活化表达。

红军不计较一城一地的得失，以龙岩为诱饵，牵着陈国辉的鼻子走，用利而诱之、示敌以弱的战法，打了一场漂亮的歼灭战。在其后的战争实践中，人民军队更是把“示之以利”“诱敌造势”的战法运用得炉火纯青，每每“为敌司命”，让敌就我，而我不就敌，创造出一个个以弱胜强、出奇制胜的光辉战例。彭德怀 1947 年在陕北指挥的“三战三捷”，陈赓同一年指挥的“豫西牵牛”（陈谢兵团打败李铁军兵团的战役），抗美援朝战争第二次战役，都是运用这一战法的经典战例。

长沙战役

1930年6月，中共中央制订了发动以武汉为中心的全国总暴动和集中红军主力进攻中心城市的计划，提出了“会师武汉”“饮马长江”等口号。此时，蒋介石与阎锡山、冯玉祥等新军阀爆发中原大战，蒋介石集团第四路军大部兵力从湖南长沙地区向南追击张发奎、李宗仁部，主力到达湖南和广西交界地区，使得长沙及湘东北一带兵力空虚。红军决定抓住稍纵即逝的战机，向长沙发起进攻。1930年7月，红三军团逐步向长沙靠拢，先后攻占了一些外围城镇，为夺取长沙扫除了障碍。

长沙是湖南省省会，位于湖南省东部、湘江下游，周边是著名的粮食产区，经粤汉铁路北上可与武昌快速连通。无论从军事、战略的角度，还是在经济、政治层面，长沙都有着十分重要的地位。

红军有了炮兵

1930 年 6 月，中共红五军军委在湖北省大冶县刘仁八镇召开扩大会议，红军第五、第八军合编组成中国工农红军第三军团，简称“红三军团”，彭德怀任总指挥，滕代远任政治委员。

6 月 13 日，红三军团攻克了大冶县城，全歼国民党军一个团。之后，红三军团先后占领了铁山、金牛、鄂城、通山、崇阳等地，控制了咸宁。

红三军团的下一步计划是攻占湘东北重镇岳阳，切断武汉至长沙的铁路。驻守岳阳的是钱大钧 2 个师，有 12 个团，兵力约为 4 万人，还有王东原旅直属队和一个团。

★位于湖北大冶的红三军团建军旧址

鉴于敌我力量悬殊，中共红三军团前委决定采取调虎离山的战术，造出攻打武汉的声势。敌人果然中计，钱大钧的 2 个师星夜乘轮船转运武汉，岳阳城内只剩下王东原部驻守，兵力空虚。

红三军团主力抓住战机，连克多座城镇，进抵岳阳近郊。7 月 4 日，红三军团与守敌激战 2 小时，一举攻占岳阳城。红军在岳阳缴获了不少武器、弹药，包括 4 门七五野炮和几门山炮。红军自此有了炮兵。

岳阳在洞庭湖与长江的交汇处，那时候英、美、日等国的军舰在江上横行，非常猖獗，经常对着城岸乱轰。红军悄悄架好了炮，等敌舰靠近时还击了几十炮，有 10 发以上炮弹打中了敌舰，从此敌舰不敢抵岸射击了。

红军战士们看到击中了敌军的兵舰，不约而同地高喊：“打倒帝国主义！”口号声响彻云霄。

逼近长沙

攻占岳阳后，红军没有在这里死守，而是按计划向南行动，进至平江地区。

针对长沙守军兵力薄弱的情况，7 月中旬，中共红三军团前委、湘鄂赣边特委及湘赣边各县负责人在平江举行联席会议，决定红三军团在平江、浏阳地区工农武装的支援下，沿平浏边界向长沙推进，寻找机会夺取长沙。

★平江起义的中心——天岳书院

红军进至平江地区，对长沙构成威胁，国民党军第四路军总指挥何键急忙从衡阳、永州调回约 7 个团的兵力，由第十五师师长危宿钟统一指挥，于7月19日由长沙沿大路向平江前进，准备“进剿”红军。

得悉这一情况，红三军团迅速完成了在平江城外迎击国民党军的准备，并计划在击退国民党军后乘势进攻长沙。

四战四捷

7月22日，红三军团在平江县城东郊天岳书院召开誓师大会，为攻打长沙做战前动员。会上宣布成立湘鄂赣工农兵革命暴动委员会，动员平江、浏阳、修水、铜鼓等县的游击队、赤卫队参战。

与此同时，国民党军先头部队分两路进至平江西南的瓮江、晋坑、三角塘、双江口一线，第二梯队进到金井，第三梯队进至春华山一线。各梯队间隔15—20千米，呈“一字长蛇阵”。

针对敌军一线部署、兵力分散的弱点，彭德怀、滕代远决定利用有利地形，在瓮江公路两侧设伏，首先集中力量歼灭敌先头部队，然后跟踪追击。

24日拂晓，红三军团隐蔽于平江以西的瓮江公路两侧预伏阵地。正值盛夏，骄阳似火，为了防止暴露目标，一线指战员一律不准行走或找阴凉处休息。渴了，就掏沟里的水喝；饿了，就抓几把炒米放在嘴里嚼。

没过多久，战士们都被晒得汗流浃背。彭德怀悄悄来到红七团阵地，正遇到一名战士昏倒，彭德怀关切地说：“他喝水少，抬到阴凉处多喝点水，就会恢复精神的。”

彭德怀问战士们：“今天敌人没有来，大家一定等得不耐烦吧？”

战士们回答：“我们有耐心等待敌人钻进‘口袋’。”

彭德怀风趣地说：“仗是有得打的，敌人今天不来，明天我们找上门去，一定要把仗打胜。”

彭德怀决定主动出击。7 月 25 日清晨，红三军团向晋坑之敌第五十五旅发起进攻，以一部兵力从正面堵截，另以主力和湘鄂赣边红军独立师从两侧实施包围攻击。战斗打响后，红八军先头部队迅速占领圣卦尖，向三角塘、晋坑一带的敌人发起攻击。后续部队及时跟进，很快就占领了屋瓦尖、锅盆尖一带的山峰，与守敌展开激战。至 15 时许，

★土地革命战争时期的彭德怀

敌第五十五旅大部被歼，团长侯鹏飞被俘。

7 月 26 日拂晓，红三军团兵分两路：红八军沿平江至长沙大道，从正面攻击金井守敌；红五军通过三口港、赤马殿，从左后方向金井东南侧包抄。

金井素有“长沙门户”之称，何键部署了 3 个多旅及地方挨户团，在金井东面和东南面构筑扇形阵地，企图凭借有利地形、优势兵力和猛烈火力阻挡红军的攻势。

敌人总是高估了自己的实力，而低估了红军的战斗力。

据第三纵队第二大队队长吴自立回忆，红八军军长何长工率部在离金井约 1.5 千米的夏家冲一带展开散兵队形，发起攻击。

敌人集中火力向红军射击，红军指战员不了解敌人阵地上火力配备的情况，没有马上冲锋，而是迅速占领了八斗冲一带的小山头，使主力得以展开，同时以火力侦察敌人的阵地。打了一阵后，摸清了敌人的火力情况，红军指战员沉住气，各自选好了自己的目标。

何长工军长把手一挥，高喊：“同志们，敌人打累了，该我们打了，冲呀！”

红军的机枪与步枪集中向敌人的阵地射击，敌人的火力渐渐被压下去了。战士们端着步枪、拿着梭镖、挥舞着大刀，呐喊着冲了上去。敌人见红军来势太猛，招架不住，便放弃阵地逃跑了。

红八军猛打猛冲，一鼓作气占领了金盆带、香炉坡及八斗冲，夺下了守敌的机枪阵地。

与此同时，对敌实施包抄的红五军主力也占领了金井东面的七家冲大山，居高临下控制了金井的整个阵地，红五军另一部则切断了守敌的退路。

敌人见势不妙，拼命发起反击。红八军第四师师长何时达带领部队冲在前头，不幸中弹牺牲。战士们满怀悲愤，勇猛冲击，攻下了守敌第二梯队的阵地。

敌人阵脚大乱，开始四散奔逃。红五军、红八军趁势发起猛攻，打垮了敌人在金井的整个防线，追到了敌人第三梯队阵地前。残敌渡过金井河逃窜，红军展开追击，直逼浏阳河东岸的㮾梨。

看到形势危急，何键害怕长沙保不住，急忙组织败退下来的部队和刚从外地调集来的 4 个营沿浏阳河布防，企图继续顽抗。为了稳住长沙的局面，何键在城内四处张贴布告，声称："市民住户不要惊慌，本人决与长沙共存亡。"

7 月 27 日，红三军团第五军对㮾梨发动正面攻击，第八军从杉木港渡河后向㮾梨侧后迂回，迅速歼灭㮾梨守军，突破了浏阳河防线。

红三军团乘胜逼近长沙，激战到黄昏，攻破长沙城东阵地，突入城区。战前信誓旦旦“决与长沙共存亡”的何键见大势已去，慌忙命令残部向沅江、湘阴、湘潭、宁乡撤退，自己只身潜渡到湘江西岸，逃了一命。许多年后，彭德怀在回忆录中写道：“没有活捉这贼，此恨犹存！”

当日午夜，红三军团攻占了长沙城。

在 3 天的战斗中，红三军团在晋坑、金井、榘梨、长沙连打 4 场胜仗，给何键部以沉重打击。

攻克长沙

红三军团占领长沙后，召开有 10 万人参加的大会，庆祝长沙解放，宣布成立湖南省苏维埃政府，随后又成立长沙市苏维埃政府和湖南省赤色总工会，采取了一系列行动：组织了 2000 余人的工人纠察队，协助苏维埃政府和红军维持社会治安，打击反革命分子，释放被反动当局关押的数千名革命人士，没收反动官僚、地主的财产，分配给贫苦工农群众，动员城市贫民和郊区农民及俘虏兵 7000 余人参加红军，并筹集了大量军费。

长沙被红军攻占，中外震惊。英国路透社等外国媒体纷纷发出电讯，西班牙驻长沙领事馆报道：“红军根本不是无组织的散

★红三军团在攻占长沙后召开庆功大会。

匪，而是有文化、有教养、有礼貌的正规军队。”

国民党当局更是如坐针毡。武汉行营主任何应钦一面调兵加强武汉守备，一面派兵增援何键。

不久，何键指挥所部在英、美、日等帝国主义军舰的掩护下，从南北两个方向反扑长沙城。8 月 6 日，约 2 个团的敌人从小西门渡河，进至长沙小吴门一带，与红军展开激战。

同时，何键率两个师从湘潭出发，直扑长沙，国民党军中央军两个师自湖北开至湖南汨罗一带，陶广师也逼近长沙，王东原旅则由三汊矶渡河向红军发起进攻。

面对众寡悬殊、腹背受敌且没有后援的不利形势，红三军团决定撤出长沙。彭德怀亲自率领红五军一个师担任后卫，掩护主力向平江县长寿街方向转移。

撤退时，一些红军战士根据上级指令把几个箱子搬到敌人进城必走的路上，箱子里装满了银圆。战士们心头疑窦顿生：这是做什么呢？莫非上级弄错了箱子？

战士们还是严格遵照命令把银圆均匀地撒满街面，然后迅速追赶部队去了。红军队伍刚出东门，敌人就进了城，但是，红军战士们只听见枪声，却不见敌军追来。

★位于长沙的湖南革命烈士陵园

后来才知道，敌军官兵一进城就拼命地争抢银圆，结果被迟滞在短短的一段马路上，红军为撤退赢得了宝贵的时间。可笑的是，敌人中了“缓兵计”，倒骂红军“跑”得“狼狈”——连银圆都来不及带走，扔得满街都是。

在此次战役中，红三军团以不足万人的兵力向有 3 万多敌军防守的长沙城发起进攻。虽然敌众我寡，但红军指战员斗志旺盛，作战勇敢，利用对手轻敌的思想，抓住其防守上的薄弱点主动出击，集中兵力发起猛攻，最终攻克长沙城。长沙战役是中国工农红军历史上战果辉煌的一次攻城作战，也是红军唯一一次攻下省会城市的战役，在国内外产生了很大影响。

战例点评

“谁敢横刀立马？唯我彭大将军。”长沙之战是彭德怀组织战役合围、两翼攻击的经典之战，展现出他刚烈如火、果敢坚定的指挥风格。

战斗中，红军首先示敌以弱，借地利设伏，在敌人迟疑犹豫、进退失据的情况下，果断发起进攻行动，以红八军攻击正面，红五军迂回侧翼，两面夹击取得胜利。在敌人溃退之后，红军更是把歼灭战的思路贯彻到底，正面进攻和侧后迂回交替使用，抓住敌人防御态势混乱的时机，以连续、果断的进攻行动锁定胜局。

所谓“一招鲜，吃遍天”，这一战法在后来的战争实践中被不断发展，最终沉淀为人民军队血脉中的作战本能，小到班、排，大到师、军，正攻侧击、左右勾拳、穿插分割、迂回包围……常常打得对手难以招架，屡屡陷入被动。毛泽东将这种作战思想总结为：集中全力打敌正面及其一翼或两翼，求达歼灭其一部、击溃其另一部的目的。

龙冈伏击战

1930年10月，蒋介石调集兵力对红军发动大规模“围剿”，重点是中央苏区，提出在3—6个月内消灭红军。蒋介石指令国民党江西省政府主席、第九路军总指挥鲁涤平组织实施。面对国民党军的疯狂进攻，红军并未惊慌。红一方面军总前委查明敌情后，同江西省行动委员会就反“围剿”方针进行了多次讨论，决定红军主力东渡赣江，实施“诱敌深入”的战术。红军于1930年底诱使国民党军第十八师师长张辉瓒率部进入龙冈地区，一场大战爆发。

1930 年 11 月 2 日，鲁涤平集中江西境内的 7 个师又 1 个旅，将其编为 3 个纵队，并限定于 5 日前分别集结于樟树、临川、靖安、上高、高安等地，总预备队集结于南昌。之后，各路国民党军分别向前推进，但因红军已先期转移而扑了空。

鲁涤平得知红军主力已东渡赣江，害怕红军夺取樟树、临川，于是命令第三纵队仍在赣江西岸进攻，第一、第二纵队尾追红军，寻求红军主力决战。对此，红军采取了“诱敌深入”的方针，抽调少数兵力配合地方群众武装迟滞、消耗敌军，主力部队于 11 月中旬分别向苏区中部的龙冈等地区转移。

山雨欲来风满楼

11 月 18 日至 20 日，“围剿”军各纵队继续向前推进，但依然扑了空。鲁涤平气急败坏，一边给蒋介石上报说“作战顺利”，一边就地转入“清剿”，为进攻中央苏区中心区域做准备。

蒋介石亲自赶到南昌，组织对中央苏区的“围剿”；催调第十九路军由武汉入赣参战；另调驻福建部分军队向闽赣边界推进，堵截红军。“围剿”军总兵力增加到 11 个师又 2 个旅，共 10 万余人。

为加强指挥，蒋介石下令设立陆海空军总司令南昌行营，任命鲁涤平兼任主任，第十八师师长张辉瓒为前线总指挥。为一举剿灭“赤匪”，蒋介石不惜血本，悬赏 5 万银圆“缉拿”朱德、毛泽东、彭德怀、黄公略。

诱敌深入

红一方面军总前委在宁都县黄陂召开会议，再次研究反“围剿”作战方案。会议认为，敌军虽有十万之众，但战线长、间隙大、兵力分散，并且“围剿”军都不是蒋介石的嫡系部队，内部派系复杂，协调不畅，有利于红军反攻。

毛泽东等人决定选择接近红军集中地的“围剿”军主力为歼击目标，集中兵力实施中间突破，割裂“围剿”军整个部署，然后各个击破。

12 月 16 日，各路“围剿”军开始向中央苏区中心区域发动进攻。

新编第五师、第十八师先后进占东固，搜寻红军主力。这时云雾蔽天，细雨蒙蒙，加上联络不畅，两支部队发生了误会，双方机枪、掷弹筒、迫击炮齐发。冲突持续了两个小时，双方伤亡都不小，发觉对方的火力不像红军，于是用军号联络，才知道“大水冲了龙王庙”。

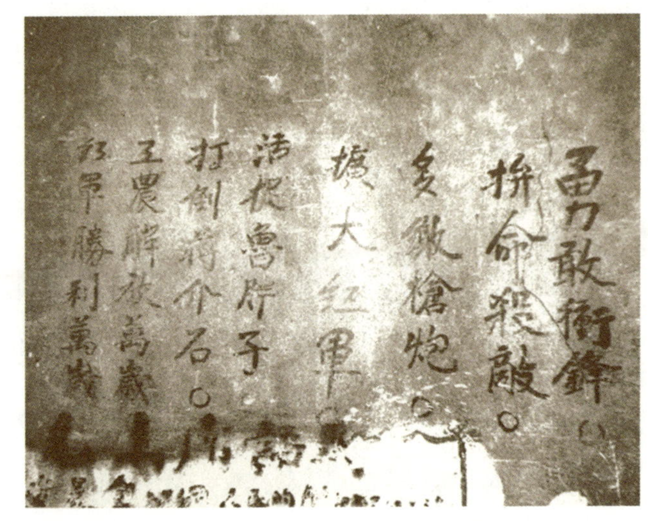

★第一次反“围剿”期间苏区军民写的标语

国民党军各路“围剿”大军分别进至招携、万安、泰和、草台岗等地，终于被诱入苏区腹地，红军转入战略反攻的时机成熟了。不过，这一仗该怎么打，先打哪支敌军呢？

朱德、毛泽东等反复研究，决定集中优势兵力，先打左翼的张辉瓒部第十八师或离红军主力最近的谭道源部第五十师。这两个师是“围剿”军主力，也是鲁涤平的嫡系部队，张辉瓒还是前线总指挥，如果被红军消灭，“围剿”也就基本上被打破了。

等待战机

12 月 25 日，红军在宁都小布召开苏区军民歼敌誓师大会。毛泽东特意写了一副对联，贴在主席台两旁的柱子上：上联是“敌进我退，敌驻我扰，敌疲我打，敌退我追，游击战[①]里操胜算”，下联是“大步进退，诱敌深入，集中兵力，各个击破，运动战[②]中歼敌人”。红军指战员反复吟诵，打心底里钦佩这副对联写得好——46 个字就把红军的战略战术讲得明明白白，又通俗又好记。

会上，毛泽东以这副对联为题，生动阐释了“诱敌深入”的必要性和好处，详细分析了此次反“围剿”敌人必败、红军必胜的道理，帮助苏区军民增强了打败敌人的信心。

一开始，毛泽东、朱德选择以孤军深入的谭道源师作为首歼目标。12 月 25 日和 27 日，红一方面军主力先后两次在小布

---

①游击战：分散游动的非正规的作战。通常以袭击为主要手段，以消耗敌方有生力量为主要目的。与正规战相比，游击战具有更大的主动性、灵活性、进攻性、速决性和流动性。

②运动战：正规部队在较长的战线和较大的战区内，进行战役和战斗的外线速决的进攻作战，包括起辅助作用的运动防御战和阵地攻防战。

地区设伏，准备出其不意围歼谭道源师，但敌人却没有出现。

原来，谭道源的五十师跟红军交过手，深知红军组织严密、行动神速、战斗勇猛，并且苏区军民早已坚壁清野，不仅找不到一粒粮食，就连向导也找不到一个。越是深入苏区，谭道源越心虚怯战，正如他后来在战报中所写的那样：到赤区作战真是漆黑一团，如同在敌国一样。

五十师进抵源头后，狡猾的谭道源本打算继续进犯小布，但他似乎在空气中嗅到了一丝不祥的气息，没敢孤军深入，走到半道又撤了回去。

源头一带地形险要，易守难攻，敌军居高临下，硬打强攻显然对红军不利。两次设伏不成，红军撤出阵地，有些指战员难免产生了急躁情绪。夜里，毛泽东和朱德一起商议作战行动时说：“机会总是要来的，我们还得耐心地等一等。”

12 月 28 日，各路“围剿”军继续向中央苏区内部推进，其中十八师师部率两个旅于 12 月 29 日孤军冒进到龙冈。龙冈接近红军主力集结地，群山环抱，中间是一块狭长盆地，并且当地群众基础好，能够帮助红军封锁消息，是

★张辉瓒

红军设伏的理想场所。

战机终于出现了！

痛歼十八师

朱德、毛泽东等当即决定一部兵力在赤卫军、少先队配合下，牵制其他各部敌兵；集中主力分左、右两路秘密西进，务求歼灭十八师主力。

12 月 30 日凌晨，龙冈山区大雾弥漫。在黄竹岭临时指挥所，

★龙冈新貌

毛泽东手指眼前的景物，风趣地对朱德说："总司令，你看，真是'天助我也'！三国时，诸葛亮借东风大破敌兵；今天，我们乘晨雾全歼顽敌啊！"

清晨，浓厚的大雾仍弥漫于整个龙冈，红军按照预定部署进入了伏击[①]阵地。这时，第十八师第五十二旅为先头部队，师部和第五十三旅随后，由龙冈向五门岭前进。

9 时许，浓雾渐渐散去。红军指战员居高临下，清清楚楚地看到十八师先头部队正大摇大摆、旁若无人地走进伏击圈。

"打！"

随着一声怒吼，红三军先头第七师猛烈开火。红军指战员凭借有利地形，居高临下给敌人以迎头痛击。但张辉瓒错误地认为这只是红军小分队袭击，自恃兵力、武器占优，没有放在心上，命令先头部队组织反扑，战斗一度呈现胶着状态。张辉瓒曾在日本、德国学习过军事，中午亲自组织 2 个团的兵力展开猛攻。战斗进行得十分激烈，红军伤亡较大。

激战至 15 时，张辉瓒孤注一掷，指挥 4 个团向红军阵地实施多路进攻，均被击退。此时，红四军和红三军团一部截断了十八师与东固、因富的联系，并从侧后向龙冈猛攻。红三军团主力占

---

①伏击：预先将兵力、兵器隐蔽配置在敌军必经路线附近，等待敌人或引诱敌人进入伏击区域后，突然对其实施的攻击。

领了上固及附近有利阵地，切断了敌人获取增援和突围的道路。

红军完成了对十八师的完全包围，随即发起总攻。随着包围圈逐渐变小，张辉瓒明白大势已去，带着手下的残兵败将向西北方向仓皇逃窜，但为时已晚！

各路红军从龙冈背面的高山上猛冲下来，敌军很快溃不成军。五十二旅旅长戴岳混在伤兵里侥幸逃脱，五十三旅旅长王捷俊被俘。

“前头捉了张辉瓒”

红军在战后清点俘虏时，却没有找到张辉瓒。

红军战士上山四处搜寻。原来，张辉瓒为了逃命，仓促间化了装，乘坐轿子逃往附近的万功山，后来嫌轿子太慢，扔下轿子向山上爬。

刚爬到半山腰，张辉瓒猛然抬头，发现红军的军旗已插上了山顶。

张辉瓒慌忙换上士兵服装，躲进山林，隐藏在草丛中的一个土坑里。几个红军战士搜山，走到这片树林，听到沙沙响声，一个战士慢慢拨开茅草，大声呼喊：“里面有人！”

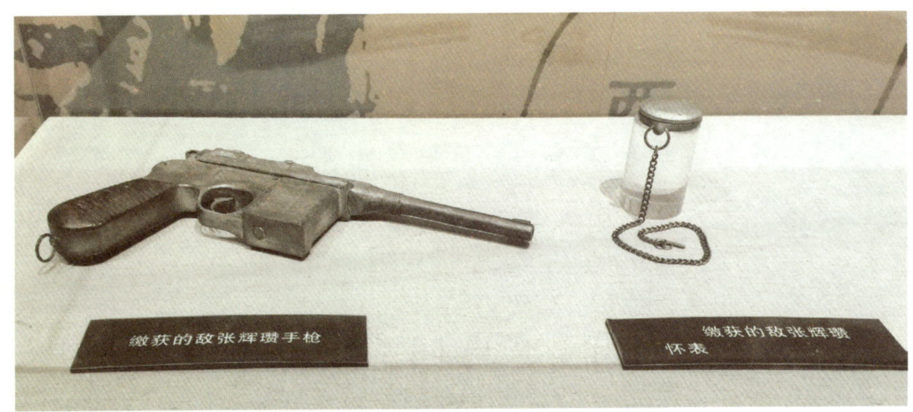

★红军缴获的张辉瓒的手枪和怀表

战士们闻声过来，几个枪口一齐对准土坑，厉声喝道："谁？快出来！"张辉瓒无奈，只好钻了出来。

战士们厉声问："你是什么人？"

张辉瓒回答："我是书记官。"

张辉瓒本想蒙混过关，不料被国民党军俘虏兵当场揭穿。原来，这位张师长平日里净干些克扣士兵军饷、中饱私囊的勾当，深为士兵们所痛恨。

红军战士们把张辉瓒绑起来，押到龙冈大坪。

这时，朱德和毛泽东也从指挥所走下山，向龙冈走去，沿途看到红军战士个个兴高采烈。

有战士高喊："前头捉了张辉瓒！"

毛泽东听了非常高兴，当即作了《渔家傲·反第一次大"围剿”》上阕：

> 万木霜天红烂漫，天兵怒气冲霄汉。雾满龙冈千嶂暗，齐声唤，前头捉了张辉瓒。

十八师的惨败在国民党军内部引起了不小的震动。第二十六路军总指挥孙连仲嘲笑：“十八师送了近万支枪，连个收条都没有得到。”鲁涤平更是脸上无光，致电蒋介石，伤心地说：“龙冈一役，十八师片甲不还。”蒋介石气得回电骂道：“十八师失败，是乃事之当然，不足为怪。我兄每闻共党，便张皇失措，何胆小乃尔！”

★红军活捉张辉瓒纪念碑

在龙冈伏击战中，红军利用龙冈的有利地形迅速出击，全歼十八师师部和两个旅近万人，缴获各种武器9000余件、子弹100万发，打了一场酣畅淋漓的大胜仗。

龙冈伏击战是中国工农红军建立后第一次大规模消

灭敌人、歼敌近万人的战斗，也是红军从以游击战为主向以运动战为主转变过程中的第一次重大胜利，为我党我军进行革命战争积累了经验。

战例点评

“先打分散和孤立之敌，后打集中和强大之敌”，这是人民军队十大军事原则中的首要原则。毛泽东形象地将其比喻为：“雷公打豆腐，专拣软的欺。”龙冈伏击战就是实践这一军事思想的成功战例。

第十八师是此次“围剿”红军和苏区的主力军，师长张辉瓒又是前线总指挥，从某种意义上讲，消灭他就意味着取得反“围剿”的胜利。虽然在战斗初期第十八师比较强大，但是在战场上，强和弱是相对而言的，是可以随着位置和态势转化、变化的。当张辉瓒的部队孤军深入之后，在占据天时、地利、人和的红军面前，其战场态势就由优势转化为劣势，由强变弱，成为孤立、冒进且立足未稳的“软豆腐”。毛泽东等指挥部队抓住稍纵即逝的战机，集中优势兵力全歼该师，演绎出为后世所津津乐道的歼灭战范例。

我们在平时的学习、生活中，也要学会以发展的眼光看问题，不要拘泥、局限于一时一事。同时，我们既要努力弥补自身的短板、弱项，也要学会扬长避短，以己之长攻彼之短，才能不断强大自我，将人生理想一步步变为现实。

黄安战役

1931年9月18日，日本关东军制造了震惊中外的九一八事变。国难当头，蒋介石却采取不抵抗政策，致使东北沦陷，激起了全国人民的极大愤慨。而蒋介石依旧顽固执行“攘外必先安内”的反动政策，在对中央苏区的第三次“围剿”失败后，又着手筹划“围剿”鄂豫皖革命根据地。1931年11月7日，鄂豫皖革命根据地红军第四军、第二十五军在黄安县合编为中国工农红军第四方面军，总兵力约3万人。红四方面军的成立使红军的部队建设前进了一大步，作战指挥更加统一。为打乱国民党军的“围剿”部署，红四方面军发动了黄安战役。

黄安地处湖北东北部、大别山南麓，是鄂东北重镇，也是国民党军靠近鄂豫皖革命根据地中心的一个突出的据点，处于根据地和游击区的包围之中。

徐向前、陈昌浩等红四方面领导人认为黄安是南线敌人的一个重要据点，也是揳进根据地的一颗钉子，必须拔掉。

总指挥布下“口袋阵”

此时驻守黄安的是国民党军的一支杂牌军——第六十九师 2 个旅共 4 个团，战斗力不强。这支部队 1931 年 9 月才从豫西移驻黄安，人地生疏，并且此前曾多次遭到红军游击袭扰，士气低落。城内粮食不多，部队主要靠后方接济。该师师长赵冠英只有一只眼，人称“赵瞎子”，惯匪出身，奸诈狡猾。

不过，六十九师在驻防黄安城后修筑了许多工事，构成了一个比较完整的防御体系。红军如果强攻只会增加伤亡，最好把城

★红四方面军总指挥徐向前

里的敌人引出来，在运动中歼灭。

可是，老奸巨猾的赵冠英会中计吗？如果黄安周边的敌人闻讯赶来增援，红军又该如何应对呢？

徐向前、陈昌浩经过慎重考虑及军事会议讨论，决定以一部兵力牵制豫东南和皖西的敌军，集中红四军主力 7 个团和黄安独立团攻打黄安，并提出“长期围困，逐步削弱，创造条件攻城歼敌”的作战方针。

11 月 10 日夜，红军开始对黄安外围据点展开攻击。经过 10 天战斗，红四军和黄安独立团先后攻占了黄安城外围的一些重要据点，完全切断了黄安守敌与宋埠、黄陂敌人的联系。此后徐向前调整战略部署：命令红十二师（师长陈赓）和黄安独立团继续围城；红十一师（师长王树声）在永佳河至桃花店一线构筑多道防御阵地，准备打击来援的敌人；以红三十团作为总预备队。

正值严冬，黄安城里守军的日子越来越不好过，既缺少食物，又没有棉衣——士兵还穿着夏天的衣服，正可谓饥寒交迫。

22 日上午，赵冠英指挥队伍反扑，企图恢复与宋埠、黄陂的联系，摆脱困境，被红军击退。

第二天，赵冠英再次组织力量反扑。红三十四团正准备迎战，这时师部突然来人传达了撤退的命令：“师长命令你们团撤到五里墩东侧，隐蔽待命。”

团长许世友心中充满疑惑：眼看就要“收网”了，这时放弃，岂不可惜？会不会弄错了？

“为什么？”许世友不解地问道。

“师长说，徐总指挥要布一个口袋阵。”

赵冠英见没有遇到红军阻击，赶紧下令火速向南猛突，试图冲破红军的包围圈。敌军刚进至郭家岗以南的五里墩、陡埠河地区，就一头钻进了徐向前早已布好的“口袋”里。

徐向前一声令下，埋伏在这里的红军 3 个团分别由东、南、西 3 个方向杀向敌人。猝不及防的敌军被打得晕头转向，丢盔弃甲，狼狈逃回了黄安城。

两场战斗结束后，红军俘敌 1000 余人，并乘势攻占了黄安城东、西两关。

群众掀起支前高潮

赵冠英领教了红军的厉害，再也不敢轻举妄动，命令紧闭城门，死守待援。红军乘胜从四面八方紧缩包围圈，把小小的黄安城围了个水泄不通。

赵冠英平时作恶多端，百姓早就对他和他手下的军队恨之入骨。看到红军把黄安城围起来，方圆百十里的乡亲们可高兴了：“红军把‘赵瞎子’围住了！”

黄安以及附近群众掀起了支前高潮：赤卫军队员们肩扛土枪、大刀、扁担、钉耙等投入战斗；慰劳队给红军送来了猪肉、鸡蛋等慰问品；妇女们不分昼夜地为红军将士们烧水做饭、洗衣缝补，救护伤病员；少年们则忙着在各个交通要道上站岗放哨，检查路条……

与此同时，各地的赤卫军和游击队在敌人据点附近积极活动：打岗哨，砍电线，烧哨棚，散传单，伏击敌人的粮道、交通线，搅得敌人昼夜不得安宁。

★红军老战士书写的黄安歌谣

当时的一首歌谣唱出了军民齐心围困黄安城的动人场景：

小小黄安，人人好汉；
铜锣一响，四十八万；
男将打仗，女将送饭。

“围城打援”奏凯歌

眨眼间，又是十来天过去了。

赵冠英坐立不安，每天都登上城楼远望，盼着援兵早点儿到来，可是，迟迟不见援兵的踪影。

赵冠英不知道，此时徐向前总指挥也在盼着敌人的援军出现——在围城打援①时，打援是重点，援军不来，怎么打？

12 月 7 日，驻守宋埠的第三十师 4 个团企图经永佳河增援黄安城。敌人的援兵终于来了，徐向前命令承担阻援任务的红十一师以 1 个团在正面节节阻击，诱敌深入，等敌军进到主阵地前，另外 2 个团从两翼迂回包抄，将其歼灭。

援敌看到红军步步后退，气焰顿时嚣张起来，集中 2 个团的兵力向红军猛扑过来。红军 1 个团依托阵地抗击，拖住敌人，另 2 个团悄悄向敌军两翼猛插，展开坚决有力的反击。

敌军这时才发现中计，阵脚大乱，组织不起像样的抵抗，纷

---

①围城打援：亦称围点打援。以部分兵力包围城镇或要点，诱迫敌人增援，集中主力歼灭援敌于运动之中的作战方法。

纷后撤逃命。红十一师乘势发起冲锋，歼灭援敌1个团，残敌连夜逃回宋埠。

18日，敌人又出动了6个团，从歧亭、宋埠分两路大举北援。援敌在优势火力的掩护下，猛攻嶂山红军阵地，并突破前沿，逼近红十一师指挥所。红十一师师长王树声、政治委员甘济时当即组织手枪队、通信队、机关人员及红三十一团一部与敌军展开激战。

此时情况万分危急——如果不能迅速把增援的敌人击退，导致其与城内守敌会合，黄安战役将功亏一篑。关键时刻，徐向前亲临前线指挥，命令总预备队红三十团向敌军左侧迂回，调红十二师第三十五团配合红三十三团向敌军右翼包抄，红三十二团协同红三十一团从正面向敌军发起猛烈反击。徐向前还果断地将手中的最后一张王牌——手枪营投入了战斗。

★黄安战役遗址

徐向前总指挥亲临前线，极大地激发了红军将士的斗志，将士们奋勇争先与敌人展开殊死较量，附近的群众和赤卫军、游击队也纷纷加入战斗。战场上红旗招展，杀声震天！敌人终于支撑不住，掉头逃窜。

敌军第二次增援黄安城的行动又以失败告终。此战红十一师打退了敌人 6 个团的疯狂进攻，毙敌 1000 余人，俘虏 800 余人。

天空飞来“雄鹰”

敌军增援失败，黄安守敌的愿望又一次落空。看到红军的包围圈一天比一天小，自己的部队已经到了“拆毁民房当柴烧，杀猫宰狗做口粮”的境地，赵冠英不禁哀叹：“危城绝地，孤军挣扎，天寒地冻，人尽夏衣，困处重围，粮弹俱绝。”

徐向前、陈昌浩等认为时机已经成熟，向全军发出了总攻黄安城的命令。

22 日，一场大雪过后，天气晴好，碧空万里无云。上午 10 时，黄安城上空突然传来一阵震耳欲聋的声音，“嗡……嗡……嗡……”，这声音由远及近、由小而大，城内的敌人纷纷从白雪覆盖的工事里跑出来向空中张望，只见一架飞机正向黄安城飞来。

敌人们顿时欢呼雀跃，呐喊呼叫。愁眉不展的赵冠英闻讯也赶忙跑到院子里，举目向天边远望，看到真有一架飞机正往自己这边飞过来。赵冠英高声命令手下赶快摆设标志，方便飞机空投。

正当敌人爬上屋顶，手忙脚乱摆放引导标志时，飞机扔下了两个黑乎乎的东西，紧接着是雪片般铺天盖地的传单。可奇怪的是，那两个黑乎乎的东西上不仅没有降落伞，还在降落时发出凄厉的呼啸声。

仅仅几秒钟后，地面上传来巨大的爆炸声，硝烟带着泥土腾空而起。原来，飞机扔下的不是黄安守军望眼欲穿的大米和白面，而是炸弹和红军的传单。顷刻间，十几个敌兵当场送命，其余的人乱作一团，四散奔逃。

这架飞机是红军历史上第一架飞机。它原来是国民党军的高级教练机，误降在根据地，被红军俘虏。后来，它成为红军的战鹰，被命名为“列宁号”。

黄安守敌遭到此番轰炸，军心大乱，残存的一点儿斗志也消耗殆尽了。红军黄安独立团乘势攻占城东北制高点，歼敌1个营大部。

★参加黄安战役的“列宁号”

向黄安城发起总攻

22 日 22 时，红军发起了总攻。

别看赵冠英只有一只眼，另一只眼视力也不好，可“赵瞎子”心里却“看”得明白：这次红军大举围城，志在必得，黄安城肯定守不住。

赵冠英将机动兵力组成所谓的“敢死队”，亲自训话：“一定坚持到最后五分钟，不成功便成仁，誓与黄安共存亡！”在一番打气鼓劲后，赵冠英给部下许愿：突围冲出去的，当官的高升一级，当兵的升为官长，另有丰厚赏金。不过，“誓与黄安共存亡”是说给手下人听的，惯匪出身的赵冠英才不会为“党国”杀身成仁呢。

当所谓的“敢死队”向南门突围后，诡计多端的赵冠英没有立即逃跑，而是让一个随从装扮成他的模样，骑着他的大白马向东门跑去。突围的敌人刚一出城，就遭到红军的坚决打击，除少数敌人逃跑外，大部被红军消灭。

红军随即攻入城内，与少数残敌展开巷战，很快将敌人全部歼灭。城外赤卫军队员们和乡亲们也纷纷拿着长矛、梭镖、铁铲、

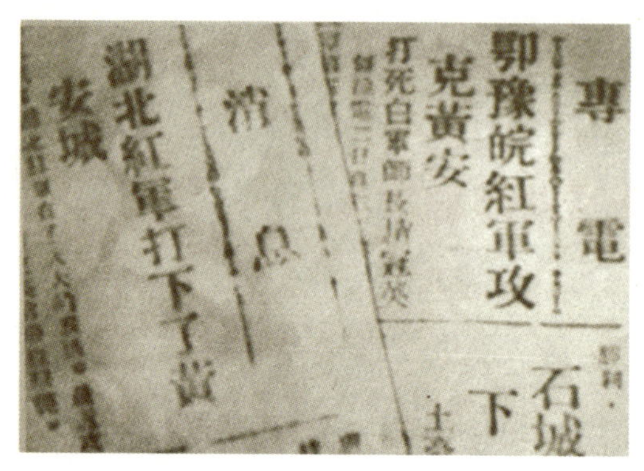
專電

鄂豫皖紅軍攻克黃安

打死白軍師長趙冠英

消息

湖北紅軍打下了黃安城

★当年有关黄安战役的报道

木棒加入战斗，高喊着：“活捉赵瞎子！”

赵冠英悄悄脱掉军装，穿上大褂，想用黑夜作掩护，偷偷从西门溜走。可赵冠英刚走到西门就恰巧撞上了一队赤卫军，只好乖乖举起双手，当了俘虏。

历时43天的黄安战役胜利结束，红四方面军共歼约1.5万人，缴获各种枪7000余支（挺）、迫击炮10余门、电台1部，使黄安、麻城、黄陂、孝感等县的根据地连成一片。随着红四方面军不断发起反攻，国民党军对鄂豫皖革命根据地的第三次“围剿”还没开始就宣告失败。

为了纪念这一伟大胜利，黄安人民在城内举行了隆重的庆祝会。大批青壮年在胜利的鼓舞下踊跃参军。

鄂豫皖革命根据地人民载歌载舞，放声高唱：

我们工农红四军，
南下胜利大得很，
夺取了黄安城，

消灭匪军一师整，

活捉赵冠英，

反动派一网打尽。

…………

战例点评

黄安战役是红军利用国民党军两次“围剿”作战之间的空档，主动发起的一次进攻作战，丰富了红军围城打援的作战经验。

在作战中，红军针对敌人孤立、突出的弱点，采取围攻的策略，逐个拔除外围据点，不断削弱守军力量，积小胜为大胜，营造有利的战场态势。红军在围城打援阶段，以打援为主，围城为辅，一方面加紧围城，另一方面集中主力，通过两翼迂回与正面突击相结合的战术，在城外歼灭来救援的敌人，使得城内守军待援无望，为下一步消灭守军创造了条件。

走远路必从近处开始，登高山必从低处起步。青少年朋友在面对学习、工作中的各种难题时，要学习红军这种积小胜为大胜的精神，行而不辍、不弃微末，通过坚持不懈的努力，到达自己向往的远方。

苏家埠战役

随着红军接连在黄安、商城等地取得胜利，鄂豫皖革命根据地周边的国民党军转入守势。为阻止红军向东发展，国民党军于1932年2月纠集重兵进占皖西地区的苏家埠、麻埠等地，并自六安沿淠河东岸，经苏家埠至霍山构成一线防御。1932年3月中旬，红四方面军总指挥部召开师长、团长和地方独立团长参加的军事会议。根据当前敌情，徐向前总指挥指出，红军完全有可能歼灭皖西地区的国民党军。会议决定发起苏家埠战役。

苏家埠是六安西南的大集镇，西临淠河，位于水陆交通要道，居高临下，易守难攻，是兵家必争之地。

那么，这场战役该如何打呢？

会议决定，红四方面军在地方武装和人民群众的支援、掩护下，主力东渡淠河，从侧后包围苏家埠、韩摆渡和青山店，求歼苏家埠地区国民党军，并运用“围城打援”的战术，吸引从六安、霍山来救援的敌人，歼灭援敌。

包围苏家埠

3 月 22 日，苏家埠战役打响。

拂晓时分，红七十三师和霍山独立团率先向青山店地区守敌发起猛攻，在夺取古楼山、刘老庄山后，将青山店团团包围。

果然不出红军所料，在青山店被围后，苏家埠守敌立即派出 2 个团火速增援。援敌刚刚行进至芮草凹以南地区，就与红十师先

★苏家埠战役红四方面军前线指挥部（胡吉林　摄）

头部队第二十九团遭遇。红二十九团先于敌军抢占了大花尖高地，死死地挡住了敌人前进的道路。

敌军疯狂进攻，战斗十分激烈。红军虽然占据有利地形，但临时构筑的野战工事毕竟不够坚固，从兵力上讲又是以一敌二，形势万分危急。

关键时刻，红十师的 2 个团赶到，向敌人左翼侧后迂回包抄，配合正面阻击的红二十九团展开攻击。红军 3 个团对敌军 2 个团，战场形势立即发生逆转。

国民党援军见红军大部队冲杀过来，顿时乱了阵脚。红军趁势一阵猛冲，歼敌一个营，余敌逃回苏家埠。红十师乘胜追击，包围了苏家埠。

阻断敌军增援

苏家埠被围，国民党军惊慌失措，驻守六安城的第四十六师师长岳盛瑄如同热锅上的蚂蚁，坐立不安。国民党安徽省主席陈调元闻讯也心急如焚，急令人马增援。

3月23日早上，岳盛瑄命令2个团从六安沿淠河南下，火速增援苏家埠。红军对此早有准备。援敌刚刚接近苏家埠，便遭到红十师、红十一师的有力夹击。一阵激战过后，援敌1个团窜入韩摆渡，1个团逃进苏家埠。至此，国民党军6个团分别被围在苏家埠、青山店、韩摆渡等。

苏家埠的防御工事十分坚固：北、东、西三面环绕着一道高约5米、厚约4米的寨墙，环墙筑有9座7米多高的碉堡，墙外还有一条深2米、底宽3米的壕沟，设置了5道栅门、5座吊桥、5座炮楼，壕沟外还设有竹围等附属防御设施。韩摆渡和青山店也构筑了类似的坚固工事。

考虑到红军缺乏攻坚的器材和装备，又没有重火力武器，强攻不易奏效，红四方面军总部决定采取持久围困的方法消灭守敌，同时吸引六安、霍山的敌人出兵救援苏家埠等地的守敌，在运动中歼灭援敌。

在当地人民群众的支援下，担负围困任务的红军各部昼夜抢筑工事，仅用一周时间，就环绕苏家埠、韩摆渡、青山店据点修筑起密如蛛网的交通壕、盖沟、掩体等工事。

在红军坚固工事和严密火力的封锁下，守军如瓮中之鳖，只能坐等救援。守敌清楚，仅凭现有这点人马根本不可能冲出红军的包围圈，唯一可行的办法就是求助援军。

于是，求救电报被一封接一封发出去。守敌们天天登上高处，朝六安方向眺望，翘首企盼援军到来。然而，几天过去，仍不见援军一兵一卒到来。

六安城里，此时岳盛瑄如热锅上的蚂蚁一般焦灼不安——派出去增援的2个团不仅没能给苏家埠守军解围，自己反倒被围。岳盛瑄领教过红军的厉害，左右为难：即使把手里的6个团都派出去也解不了苏家埠之围，可如果不出兵救援，又没法向上司交代。

岳盛瑄最终还是不敢抗命，于3月31日亲自率领4个团，在几架飞机的掩护下，分成前后两个梯队杀向被围的据点。

有2个团的敌军突破了红十一师在马家庵、平头岗的阻击阵地，先头部队向苏家埠东北的凉水井等地猛插过去。青山店守军以为时机成熟，当即组成敢死队拼命突围。

当援敌前进到苏家埠以北时，红十师1个团和红十一师主力从东西两面发起猛烈进攻，刚刚还气势汹汹的敌人突然遭到红军主力两个方向的夹击，被打得措手不及。

没用多长时间，红军便歼灭援敌1个团，活捉团长陈培根。援敌另一个团见势不妙，慌忙窜入韩摆渡，也陷入了红军的包围。第二梯队的援敌无心恋战，仓皇退回六安城。由霍山北援的一支敌军被击溃后，窜回了霍山。从青山店突围的敌军受到红军的坚决打击，大部被歼灭，余部逃回苏家埠，另有部分逃往舒家庙的敌人也被地方武装消灭。

发动政治攻势

红四方面军总部判断六安、霍山的敌军已无力再来增援，新的援兵可能来自合肥方向，便在戚家桥、樊通桥以东陡拔河两岸地区勘察地形，制订了打援作战方案，并做好了战场准备。

而岳盛瑄一连两次派兵增援，均损兵折将，不仅没能解围，还把青山店据点也丢了。眼看手里的兵力越来越少，岳盛瑄生怕六安被围，干脆于 4 月 4 日率余部撤退到六安东的金家桥据点，仅留下少数兵力驻守六安。

到 4 月下旬，苏家埠、韩摆渡守军已被围一个多月了。据点里储备的那点粮食早被吃光，老百姓家里的粮食也被抢光，就连军马也被杀了吃掉。最后，士兵们只能靠吃树叶、树皮充饥，到了山穷水尽的地步。

苏家埠战役主战场之一——韩摆渡一角

国民党警备第二旅一个团

副哀叹道："被围达二十余日，外绝援军，内乏粮秣，马匹食尽，皮制之马鞍与皮鞋等，亦都视为珍品。共军则白饭大肉，隔壕举碗相呼。军心沮丧。"

红军则抓住时机展开政治攻势，安排炊事班多做些饭菜送到阵地前。宣传队员则轮流向守敌唱道：

老乡老乡，快快缴枪；
放下武器，红军有赏。
若不缴枪，困饿死光！
来当红军，前途亮堂。
愿回家乡，发给光洋；
优待俘虏，人身保障。
早日来归，早见天光。

一开始，敌军士兵不敢过来。后来有几个士兵饿得实在受不了，趁天黑爬过来，受到了红军的款待，饱餐而归。

于是，一传十、十传百，越来越多的敌军士兵来到红军阵地讨要吃的，有人甚至一日三餐都来红军这里吃，有情况再回寨子。这些敌兵保证，一旦两军交火，枪口只朝天上放。

歼灭合肥援敌

苏家埠告急，4 月下旬，蒋介石任命第七师代师长厉式鼎为皖西“剿共”总指挥，命令他率领约 2 万人从合肥大举西援。

红四方面军面临险境：前有敌军重兵压境，背后的淠河持续上涨，附近只有韩摆渡一个渡口。如果不能击退敌军，后果不堪设想。

六安以西的樊通桥、戚家桥一线丘陵起伏，林木茂密，中间有陡拔河贯通南北，被红四方面军选为运动歼敌的战场。徐向前下达命令：红七十三师在樊通桥地区构筑阵地，担任正面阻击；红十师、红十一师主力分置于红七十三师两翼，伺机迂回包抄；红七十三师一个营和六安独立团进至陡拔河以东，佯作抵抗，诱敌深入。

5 月 1 日，红军一个营与敌人先头部队一个旅接火，红军边打边撤至陡拔河以西。

2 日，徐向前率红十一师主力和六安独立团，从六安城南向敌军右侧后包抄。红十师主力从戚家桥、庙岗头向敌左侧后包抄。经过一番激战，红军攻占了婆山岭和老牛口高地，切断了国民党

★苏家埠战役陡拔河战场遗址

援军的退路。

援敌被包围在陡拔河河岸，指挥系统又遭破坏，2万人马乱作一团。红四方面军各部、游击队、赤卫军和参战群众势如破竹。经过11个多小时的激战，援敌除少数漏网外，大部被歼灭。

据时任红二一七团第三营营长徐深吉回忆，5月3日上午，红军在军部大院里召开打援战斗总结大会。徐深吉刚走进会场，就听军首长问各团领导："在俘虏中好好查一查，有没有抓到厉式鼎。"

红二一七团团长洪美田问徐深吉："老徐，你们营冲在最前面，打乱了敌人的指挥部，先查查你们那里有没有吧？"

团长一问，提醒了徐深吉，他想起第九连抓住一个来历不明的"买卖人"。徐深吉于是把九连指导员张振才叫到跟前，让他汇报抓住这名"买卖人"的过程。

原来，九连昨天在追击途中先截获了厉式鼎坐过的滑竿，再往前追，发现了一个形迹可疑的人。这个人有30多岁，留着两撇八字胡，头上戴一顶黑缎子瓜皮帽，穿一件深灰色长大褂，脚上穿一双沾满了黄泥巴的便鞋，一身富商打扮。此人满脸是汗水，连胡子上都沾着水珠，一副惊恐的狼狈相。九连指导员张振才判定这个人即便不是厉式鼎，也是个大官化装的，于是将其看押起来。

洪美田听完汇报，高兴地对张振才说："伙计，你们连打得好，处理得好，应该受表扬。"洪美田立即派政治处敌工股长去查问。

敌工股长见到那个"买卖人"，问道："你叫什么名字？"

"我叫李义清。"

"不要胡说！你是厉式鼎！"

厉式鼎变了脸色，低下头说："是，是，我有罪！"

敌工股长给厉式鼎交代了共产党的政策，让他不要害怕。

洪美田马上报告了红二十五军政治委员刘士奇，刘士奇宣布："报告大家一个好消息——敌皖西'剿共'总指挥厉式鼎被我二一七团三营九连活捉了！"

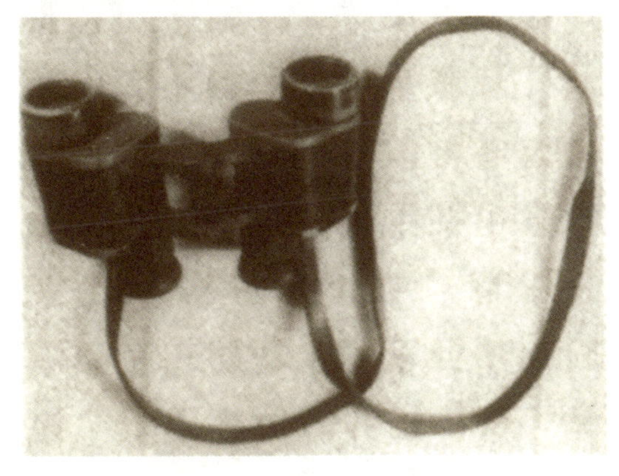

★红军在苏家埠战役中缴获的望远镜，后为徐向前使用。

近万守敌投降

援军土崩瓦解，苏家埠守军的最后一线希望破灭。红四方面军向其下达了无条件投降的最后通牒，守敌派代表跟红军谈判。

一进团部，敌军代表就要东西吃，红军用炒饭、炒蛋、油炸豆腐等招待他们。很多天没有见到油星的敌军代表们顿时来了精神，狼吞虎咽地吃起来。

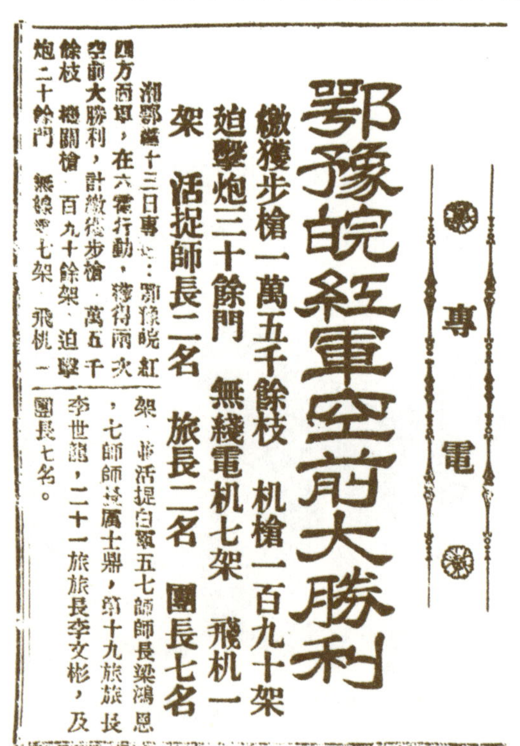

專電

鄂豫皖紅軍空前大勝利

繳獲步槍一萬五千餘枝 机槍一百九十架 迫擊炮三十餘門 無綫電机七架 飛机一架 活捉師長二名 旅長二名 團長七名

湘鄂贛十三日專電：鄂豫皖紅四方面軍，在六霍行動，獲得兩次空前大勝利，計繳獲步槍一萬五千餘枝，機關槍一百九十餘架，迫擊炮二十餘門，無線電七架，飛机一架，並活捉白匪五七師師長梁鴻恩，七師師長厲士鼎，第十九旅旅長李世龍，二十一旅旅長李文彬，及團長七名。

★《红色中华》刊载的红军取得苏家埠战役胜利的消息

饭毕，一名 40 多岁的敌军代表以带几分轻蔑的口吻对红十团政治委员詹才芳说：“我要找你们负责人，有要事商谈。”

詹才芳说：“有事你就说吧，我是团政治委员。”

敌军代表有些吃惊，从头到脚看了詹才芳一遍，追问道：“你们团长呢？”

“团长、政治委员暂时都由我担任。”詹才芳平静地回答。

敌军代表立刻挺直身子，毕恭毕敬地说：“上司叫我来问问——要是投降了，红军杀不杀当官的？”

詹才芳告诉他：“红军的政策是，只要缴枪投降，当兵的不杀，当官的也不杀，就是蒋介石来投降，我们也欢迎。”

5 月 8 日，苏家埠守敌投降。同一天，韩摆渡被围的国民党军队向红十一师投降。战役宣告结束。

苏家埠战役历时 48 天，歼敌 3 万余人，俘虏敌总指挥厉式鼎和 5 名旅长、12 名团长及营以下官兵 1.8 万余人，缴获长短枪 1 万余支、机枪 250 挺、各种炮 44 门、电台 5 部，解放了淠河以东广大地区。

苏家埠战役是鄂豫皖革命根据地红军建军以来规模最大、缴获最多、代价最小、战果最大的一次伟大胜利，开创了万名敌军列队缴械投降的先

★苏家埠战役纪念碑

★苏家埠战役纪念馆

例，成为中国工农红军战争史上“围城打援”、以少胜多的光辉战例之一。

战例点评

毛泽东在《中国革命战争的战略问题》中指出："在战役和战斗上面争取速决，古今中外都是相同的。""只有在'围城打援'的方针下，目的不在于打围敌，而在打援敌，对围敌作战是准备着相当地持久的，但对援敌仍然是速决。"

苏家埠战役，红军采取"围城打援"的方针，以围城为手段、以打援为目的，调动敌人于运动之中予以歼灭。在这次战役中，红军以极大的耐心，在客观形势允许的情况下坚持长期围困苏家埠，终于调动了大批国民党军队来援。更为关键的是，红军在打击援敌时又都能够迅速地解决战斗——打击敌人规模最大的一次增援，也仅仅用了一天。红军打援快、围城久，使得守军待援无望，突围无路，于是全线动摇。

在人民军队战争史上，"围城打援"的经典之作比比皆是，像清风店战役、宜瓦战役、巨金鱼战役、晋中战役等，都完美诠释了"攻其所必救"的军事思想。就其本质而言，"围城打援"是以己之长攻敌之短的战术，是一种在特定背景和装备技术条件下形成的特殊战法。

黄陂战役

在对中央苏区的三次“围剿”失败之后，国民党军长期处于守势。从1932年底开始，蒋介石陆续调集近40万兵力，分三路组织对中央苏区的第四次“围剿”。

1933年2月，国民党军担任主攻任务的中路军12个师编为3个纵队，采取“分进合击”的战法向中央苏区发动进攻。在强敌环绕之下，2月27日，红一方面军利用有利地形，在以黄陂为中心的山地发起了黄陂战役。

在第四次“围剿”中，蒋介石一改之前让杂牌军充当主力的做法，花了“血本”：任命陈诚为中路军总指挥，让其率领精锐嫡系 12 个师 16 万之众，承担“主剿”任务。

1933 年 1 月底，蒋介石来到南昌，亲自兼任江西“剿共”总司令，坐镇指挥此次“围剿”，企图将红一方面军主力歼灭于黎川、建宁等地区。

2 月，中央苏区第四次反“围剿”作战打响了。红一方面军此时约有 7 万人，在总司令朱德、总政治委员周恩来的指挥下，主力在黎川地区活动。

改强攻为佯攻

2 月 4 日，中共临时中央和中共苏区中央局致电朱德、周恩来，指出“在目前敌人据点而守的形势下，无法避免攻击坚城”，提出在国民党军“围剿”部署尚未就绪时，应实行进攻作战，击溃国民党军，并命令红一方面军先攻南丰。

9 日，红军向南丰地区开进。南丰城地处抚河西岸，地势十分险要，不仅城高墙厚，而且修建了坚固的防御工事。南丰是国民党军在抚河战线进攻中央苏区的重要据点，驻有敌第八师的重兵。对于缺乏攻城装备和重武器的红军来说，南丰无疑是一块难啃的硬骨头。

12 日，战斗刚刚打响就下起大雨，红军冒着凄冷的冬雨，向南丰城外围阵地发动进攻。

守敌工事险要坚固，红军将士虽连续猛攻，但激战一整夜未能突破敌人的防御阵地，消灭敌军不足一个营。红军在此战损失了超过 300 人，红三军团第三师师长彭鳌和两名团长牺牲。

陈诚深知南丰城地势险要，是以后“进剿”赣南的重要支撑点，因此在获悉红军围攻南丰后，立即电令第八师据城固守，同时急令第二十四师驰援，中路军所属各纵队迅速向南挺进，企图在南丰城下合围红军。

考虑敌情变化，周恩来、朱德认为如果继续强攻南丰城，红军必吃大亏，于是决定改强攻南丰为佯攻，只留下一部分兵力迷惑敌人，主力部队则秘密集结于南丰、里塔圩一线以西地区，待机打援。2 月 22 日，获悉敌中路军第一纵队准备增援南丰，第二纵队主力集中于南城，企图在第三纵队的策应下与红军决战于南丰，周恩来、朱德决定从南丰撤围，诱敌深入中央苏区。

这是一个正确的战略决策，使红军摆脱了被动局面，重新夺回了战场主动权。毛泽东对这一决策十分赞同："第四次反'围剿'时攻南丰不克，毅然采取了退却步骤，终于转到敌之右翼，集中东韶地区，开始了宜黄南部的大胜仗。"

决议设伏

急于同红军主力决战的陈诚被佯装主力的红十一军的行动所迷惑，误以为红军主力撤回黎川地区，立即命令3个纵队出击，妄图合击红军主力于黎川、建宁地区。

这时朱德、周恩来已率红军主力回到东韶、洛口一带。在东韶召开的紧急军事会议上，朱德、周恩来等认为陈诚已被红军的行动所迷惑，3个纵队被分隔在两个相距比较远的地区，为红军集中优势兵力各个歼灭创造了有利条件。其中中路军第一纵队态势较为孤立，戒备也不严密。

第一纵队3个师在总指挥罗卓英的率领下前进，其中向黄陂推进的第五十二师、第五十九师已完全暴露在红军面前，形成单独冒进之势。这两个师不仅同第二、第三纵队相距较远，而且被高耸绵亘的大山隔断，彼此联络、协同极为困难，首尾不能相顾。此时正是将这两个师消灭在运动中的大好时机！

敌军由乐安向黄陂开进所必经的登仙桥以东地区，山高林密，便于红军伏击。朱德边看地图边说：红军距黄陂不足一天的路程，正好可以在这里打个伏击。

周恩来点点头，果断地说：这次红军要搞一个大兵团伏击，把可以调动的全部兵力都投进去。

经过反复权衡，东韶军事会议决定集中主力在固岗、登仙桥以东，河口、黄陂以西地区，选择有利地形设伏，打一场大兵团伏击战，目标是歼灭敌五十二师和五十九师。

★黄陂蛟湖

周恩来、朱德对红军主力做出部署：以红一军团、红三军团和红二十一军为左翼队，待机歼击第五十二师；以红五军团、红二十二军为右翼队，主攻第五十九师，并保障左翼队翼侧安全；以江西军区独立第四师、第五师牵制敌第十一师，并保障右翼队翼侧安全；以红十二军为预备队。

周恩来和朱德在下达命令时特别指出：各部队在行进途中和进入伏击阵地后，一定要严密隐蔽伪装，封锁消息，务必做到出敌不意、攻敌不备，取得胜利。

左右两翼传捷报

红军主力分兵向各自预定的作战地区进发。2 月 26 日，红军各部进入伏击地域，隐蔽在崇山密林中。

此时天上正飘着蒙蒙细雨，四处云雾缭绕，能见度很低，敌第五十二、五十九师正按不同路线向黄陂前进。

敌人自恃装备精良、给养充足，再加上误以为红军主力远在黎川，行军途中几乎未做侧翼警戒，对隐蔽在道路南侧高地上的红军主力竟毫无察觉。

13 时，敌人一队队开过来，红军指战员远远听到人喊马嘶的声音。等敌人进入“口袋”后，红军发出总攻信号。霎时间，枪炮轰鸣，杀声四起！

红军犹如神兵天降，以一部兵力拦腰切断敌军，一部兵力主攻，一部兵力断敌退路，把毫无防备的敌第五十二师杀了个措手不及，致使敌军乱了阵脚，四散奔逃，根本组织不起像样的抵抗。

五十二师师长李明只好带着手下的残兵败将四处乱窜。红军以压倒性的优势向敌人发起猛攻，敌人丢盔弃甲，纷纷举手投降。

战斗中，有一股敌人倚仗强大的火力，企图从西北面突围逃跑。驻守西北面谷口山头的是红十一师第三十二团。

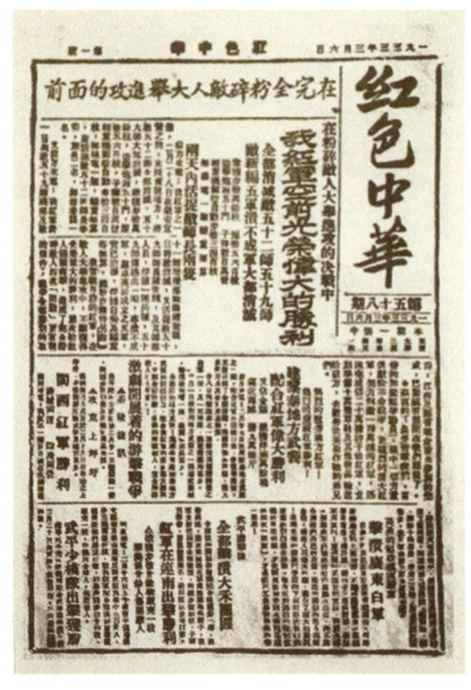
紅色中華

第五十八期

在完全粉碎敵人大舉進攻的面前

在粉碎敵人大舉進攻的決戰中

我紅軍空前光榮偉大的勝利

★《红色中华》登载的红军取得第四次反“围剿”胜利的消息

形势紧迫，红一军团政治委员聂荣臻亲自赶到该团的指挥阵地，对团政治委员杨成武说：“这是紧要关头！”

杨成武扬起手中的驳壳枪跃出阵地，高喊：“同志们跟我来，冲呀！聂政委刚才讲了，这是紧要关头，冲呀！”

战士们备受鼓舞，挥动着手中的武器冲出阵地，迅速将这股敌人赶入谷底。

短短 3 个小时，敌第五十二师师部和第一五四旅第三〇九团全军覆没，师长李明受重伤被俘，不久死去。红三军团歼灭敌第一五五旅主力，红三、红一军团全歼第一五四旅主力。

与此同时，红军右翼队进至黄陂、秀源一线，发现敌第五十九师正从霍源一带向黄陂开进。霍源位于黄陂西北，山高林密，地形十分复杂。群山之中有一条峡谷，是通往黄陂的唯一道路。

右翼队即以红二十二军一部向霍源方向快速挺进，先机占领黄陂西北一带高地；红十五军占领霍源以南阵地，准备在黄陂、霍源地区歼灭敌第五十九师。

★黄陂霍源

2月27日13时，红十五军同第五十九师前卫部队接触，第一七五旅主力赶赴前卫处增援。战至黄昏，双方形成对峙。

28日，红军右翼队向第五十九师发起全线进攻。经过一整天的激烈战斗，第五十九师主力大部被歼灭。师长陈时骥率残部突围，企图同第五十二师会合，却发现第五十二师已被红军歼灭，只得转头向乐安方向逃窜。但为时已晚，红军早就布下了天罗地网，陈时骥最终插翅难逃。没过多久战斗便结束了，第五十九师除在西源地区的1个多团逃脱外，全部被红军歼灭，陈时骥被俘。

★苏区人民热烈庆祝反“围剿”胜利。

黄陂战役是红军发起的一次大兵团山地伏击战，是中央苏区反“围剿”战役中规模最大的一次大兵团伏击歼灭战。经过两天激战，红军歼敌近2个师，俘虏上万人，缴枪万余支、火炮数十门。此战打乱了敌人的部署，成为红军取得第四次反“围剿”胜利的关键。

战例点评

在战争中，连、营层面的小规模伏击作战称为战术伏击，师以上的大规模伏击作战称为战役伏击。一般来说，伏击作战多局限于战术层面，但人民军队的大兵团战役伏击，却不走寻常路，常常大开大合、收放自如，气魄惊人。

实施战术伏击时，一般采取预置伏击的办法，即事先埋伏在敌人必经之处，待敌人进入伏击圈之后突然发起进攻。而实施战役伏击时，由于参战兵力多，很难单纯依靠潜伏来隐蔽自己的作战意图和目标，必须通过远距离的快速行军和令敌人眼花缭乱、真假难辨的穿插机动[①]，先于敌人占领预定的伏击地域，实现依山布阵、恃险设伏，才能达成伏击态势。这对指挥员决策判断和把握战机的能力，对各参战部队的执行力和协同能力，都提出了极高的要求，其难度也远远大于战术伏击。

纵观人民军队的征战史，首开战役伏击记录的就是黄陂战役。尽管赣西南的崇山峻岭和民众的全力支持，帮助红军在此战中占据了“地利”和“人和”的优势，但主要指挥员“运筹帷幄，决胜千里”的能力和魄力，是达成战役伏击目标的关键因素。此战中，指挥员指挥数万大军达到了“静如处子，动如脱兔”的高超境界。

①机动：有组织地转移兵力或火力的作战行动，目的是为争取和保持主动，形成有利的态势。

薛家寨保卫战

陕西在1925年就正式成立了中国共产党的党组织，到1927年，全省党员发展到2000多人。在土地革命战争时期，中共陕西省委先后领导了清涧起义、渭华起义等数十次武装斗争。由于敌强我弱，这些起义先后失败了，但陕西党组织继续领导军民开展艰苦卓绝的斗争。1933年春，中共陕甘边特委在照金选举产生陕甘边革命委员会，驻地薛家寨。薛家寨成为陕甘边革命根据地的政治、军事、经济中心和红军、游击队的后方基地。蒋介石严令西安绥靖公署调派重兵“围剿”照金，并限期攻克薛家寨。面对国民党军的疯狂“围剿”，根据地军民不畏强暴，进行了壮烈的保卫战。

薛家寨位于今陕西省铜川市耀州区西北部照金镇东约 5 千米的田玉村绣房沟，处于桥山山脉南端，海拔 1600 多米。此处重峦叠嶂，密林如海，石峰千仞，险峻无比。山寨走势雄奇，易守难攻。

到敌人统治薄弱的地方去

照金一带地形复杂，从地形上看进可攻退可守，红军可以退守子午岭的深山密林中，回旋余地较大，十分适合开展游击战争。

★陕甘边革命根据地党政领导机关所在地——照金薛家寨

这一地区的居民大多是外来农民，他们生活

★两当兵变前的习仲勋

贫困，经常自发地进行抗捐、抗租和抗债斗争，有迫切的土地革命要求。

1932 年 4 月 20 日，中共中央作出《关于陕甘边游击队的工作及创造陕甘边新苏区的决议》，提出要在积极地开展当地游击运动的同时，创立新的红军队伍及陕甘边苏维埃区域，进一步推动照金地区革命的发展。

自 1932 年春天起，陕甘游击队领导人谢子长、刘志丹多次率领游击队来到照金一带，宣传土地革命，传播革命火种。

9 月，经历了两当兵变的习仲勋辗转来到照金，在杨柳坪见到了神交已久的刘志丹，从此二人并肩作战，共创陕甘边革命根据地。

与刘志丹的这次会见令习仲勋记忆终生，他后来回忆："在传说中，常把刘志丹描绘成一个神奇的人物，但是初次见面，我得到的印象，他却完全像一个普通战士。他质朴无华，平易近人，常同战士们坐在一起，吸着旱烟袋，谈笑风生。同志们都亲切地叫他'老刘'。"

关于如何创建根据地，刘志丹主张：在敌人统治薄弱的地方、

"三不管"的地方、各种地方势力有矛盾的地方，先建立几个游击区，再逐步发展成根据地。面对敌人的进攻，游击区互相配合，牵制敌人，你在这儿打我，我在那儿打你；你去打他，我拖你的腿，分散敌人的兵力，伺机消灭敌人。

这时，国民党军开始兵分三路大举"围剿"陕甘边游击队。面对敌军咄咄逼人的攻势，刘志丹、谢子长决定率陕甘边游击队到照金一带山区开展游击斗争。

雨中歼顽敌

从 1933 年春天起，陕甘边游击队先后在薛家寨的 5 个天然岩洞中设立了军医院、军械厂、被服厂、仓库等后勤单位，修建了寨楼、堞墙、战壕、哨卡、碉堡、吊桥等，薛家寨自此成为陕甘边革命根据地重要的后方基地。

照金根据地的蓬勃发展令国民党当局十分震惊。根据蒋介石的电令，西安绥靖公署命令渭北"剿匪"司令刘文伯"围剿"照金根据地，并限期攻克薛家寨。

9 月，刘文伯调集兵力，并纠集耀县、淳化、栒邑、同官等县的民团千余人，大举进攻照金。此时与薛家寨一沟之隔的龙家

★薛家寨红军医院和被服厂旧址

寨已被叛徒陈克敏率土匪占领。

薛家寨是陕甘边红军唯一的后方。而此时，陕甘边红军主力正在外线作战，游击队总指挥部所属的第一、第五、第七、第九、第十一支队在照金老爷岭、绣房沟一带作战，薛家寨只有边区革命委员会保卫队留守，兵力单薄，形势异常严峻！

虽然是初秋，但山上已经开始下雪，天气寒冷。拂晓时分，敌人向薛家寨发动了猛烈进攻，陈克敏也率领土匪从对面的龙家寨冲杀过来。边区革命委员会保卫队奋起抗击，战斗进行得十分激烈。

这时，敌人的民团沿着薛家寨后山攻了上来。危急关头，陕甘边特委书记秦武山、特委军委书记习仲勋等率领军械厂、被服厂和红军医院的干部、战士、工人，拿起土枪、大刀、梭镖等各式简易武器，与敌人展开殊死搏杀。

敌人轮番向寨上发动进攻，根据地军民凭险据守，奋勇阻击，并巧布地雷阵，用自制的“麻辫手榴弹”等武器多次打退了敌人的进攻。

此时天气突变，山风骤起，大雨滂沱。陕甘边游击队总指挥李妙斋和政治委员张秀山及时率领游击队从绣房沟赶来，与留守武装会合，向敌人发起猛烈反击。

敌军被打得落花流水，狼狈溃退。薛家寨保卫战初战告捷。但不幸的是，李妙斋在集合部队实施反击时被埋伏在树林里的敌

★薛家寨红军军械厂旧址

人开枪击中，壮烈牺牲。

不畏强敌，主动出击

陕甘边军民取得薛家寨保卫战胜利的消息令蒋介石非常恼火，当时的《西京日报》发表了“蒋（介石）再电邵（力子）杨（虎城）肃清薛家寨残匪”的消息。

10 月上旬，杨虎城任命杨子恒为总指挥，调集 4 个正规团和周围各县的民团，准备再次对照金根据地发动进攻。具体部署是：孙友仁团附属炮兵营及三原、淳化、耀县等县民团，进攻照金根据地；冯钦哉师 1 个团在中部、宜君一带堵击；何高侯团在栒邑、淳化一带堵击；陇东赵文治团为追击部队。

面对新的敌情，红军临时总指挥部分析认为，陕甘边游击队只有 400 多人，而敌人“进剿”的兵力共 6000 多人，敌我力量悬殊，不宜在狭小的根据地与敌人周旋。

为打乱国民党军的部署，粉碎其“围剿”照金根据地的阴谋，红军主动出击：由王泰吉、刘志丹等率领红四团、西北民众抗日义勇军、耀县游击队第三支队和陕北游击队第一支队，转至外线合水一带，寻找战机；由习仲勋、张秀山、吴岱峰、高锦纯、黄子文等带领陕甘边游击队总指挥部所属的第一、第五、第七、第九、第十一支队和陕甘边革命委员会政治保卫队及群众武装，留在根据地坚持斗争，开展游击战争，以牵制敌人。

10 月 15 日，国民党军杨虎城部孙友仁特务团，在耀县、庙湾民团的配合下，由中部、宜君、栒邑、淳化等县边界出发，向照金根据地发动了大规模“围剿”。

敌人进攻的重点仍是薛家寨。敌人在发起进攻前到处抓捕老百姓，修建通往照金和兔儿梁的车道。道路修好后，敌人便用骡马把大炮拉到兔儿梁山顶的龙家寨，并把指挥部设在山顶，准备对薛家寨发动围攻。

面对敌人的大举进攻，秦武山和习仲勋等再次召开陕甘边特委会议，讨论研究应敌之策。习仲勋提出：在敌我力量悬殊的情况下，红军部队应全部撤退，来个空城计，不能死守根据地。但是，秦武山等人主张坚守薛家寨。特委慎重考虑了习仲勋等人的意见，决定让习仲勋和黄子文先下山。

气壮山河的保卫战

保卫薛家寨的战斗又一次打响了！

敌人首先以山炮、迫击炮向薛家寨实施猛烈炮击。由于敌军炮兵的发射技术太差，竟没有一发命中要害，石洞和红军修建的工事安然无恙。

炮击过后，敌人猛攻薛家寨石门。陕甘边领导机关率留守的游击队和群众武装据守各个关隘要道，并在阵地前沿埋设了地雷，与敌人展开了殊死搏杀。战斗一连持续了几天，根据地军民凭借有利地形和坚固工事，打退了优势敌军的多次疯狂进攻。

狡猾的敌人在对面的兔儿梁山顶仔细观察红军阵地的情况时，意外发现薛家寨后山嵝岘阵地与石门工事之间的悬崖峭壁上有一条几百米长的石缝，其中长了许多小柏树。这本是一条上山的“秘密通道”，而红军在构筑防御工事时竟然忽略了这条石缝，没有设防。

10 月 15 日深夜，由叛徒陈克敏带路，敌军沿石缝攀登而上，偷偷爬上了薛家寨，然后散开埋伏起来。

次日拂晓，敌人又开始炮击，不过只打了 3 发炮弹就停止了。当红军从战壕、工事起身准备阻击冲锋的敌人时，突然遭到埋伏在身边的敌人的攻击。

面对腹背受敌的不利局面，边区党政军领导果断做出分路突围、保存实力的决定：一路由张秀山、吴岱峰等率领，向党家山方向突围；一路由秦武山、惠子俊等率领，向黑田峪方向突围。

敌人占领了薛家寨，进行了疯狂掠夺和残酷屠杀，照金地区农民领袖、陕甘边革命委员会主席周冬至，土地委员王满堂和肃反委员王万亮等先后被敌人逮捕杀害。红军储备在薛家寨的棉花、布匹、迫击炮弹和100挺轻机枪的零件等物资被敌人抢走。

照金根据地失陷后，习仲勋仍留在照金地区坚持斗争。后来，习仲勋和陕甘边特委、革命委员会和游击队余部北上陇东，与刘志丹率领的红军会合，继续开展革命斗争。

战例点评

照金根据地是中国共产党在西北地区成功建立的第一个山区根据地，它不仅动摇了国民党的黑暗统治，造成了国民党内部的恐慌和混乱，而且牵制了西北国民党军的大量兵力，配合支援了陕北、渭北、陕南、陇东地区的革命斗争。尽管在薛家寨保卫战失利后，照金的革命形势陷入低潮，但由此唤起的千千万万陕甘边人民群众，仍然坚持革命斗争。

对于照金根据地失败的原因，习仲勋总结为：一是没有广泛地开展游击战争，扩大苏区和根据地，把自己株守在一个很小的苏区内；二是距离国民党统治中心很近，我们的群众力量不大和不够巩固；三是红二十六军南下的全部失败，在军事上暴露了自己的弱点，助长了敌人进攻苏区的气焰。薛家寨被敌人占领，给了我们一个很大的教训——只有建立根据地，把党、红军与群众进一步联系起来，在面临严峻的形势和考验时，才能有立足之地和回旋的空间。

广昌保卫战

1933年初，日军大举入侵华北，中华民族危机日益深重，然而蒋介石仍然坚持推行“攘外必先安内”的反动方针，决心消灭共产党及其领导的红军。1933年秋，蒋介石调集重兵对中央苏区发动第五次“围剿”，其中集结11个师的兵力分两路向中央苏区重镇广昌发动进攻。1934年4月，红军采取处处设防、节节抵御的战法，同国民党军在广昌展开激战。

广昌位于江西东南部，地处几条交通要道的交会点，距离中央苏区首府瑞金不足 70 千米，是守卫瑞金的要冲，素有中央苏区“北大门”之称。红军守住广昌，便可“御敌于国门之外”。国民党军如果占据广昌，则可以打开进军瑞金的通道。

敌军剑指广昌

蒋介石于 1933 年发动第五次“围剿”，为此调集重兵，采取所谓“堡垒主义”战略，重点对中央苏区发动大规模进攻，红军各部队展开了顽强反击。至 1934 年春天，战事的焦点集中到了广昌等地。

1934 年 4 月初，国民党军北路军总司令顾祝同调集 11 个师的兵力，计划占领广昌，打开缺口，之后各军协力合击中央苏区腹地。

4 月 7 日，北路军第三路军总指挥陈诚按照蒋介石、顾祝同的

★蒋介石（右一）指挥国民党军“围剿”红军。

命令完成部署，决定分三期向广昌步步紧逼：第一期占领甘竹市附近地区，第二期占领长生桥、饶家堡、高州塅一带，第三期攻占广昌及附近地区。

敌众我寡，红军此时根本没有足够的力量和这样一支强敌展开对攻。然而，中共临时中央主要负责人博古和共产国际派来的军事顾问李德认为广昌关系到中央苏区的存亡，必须坚决守住，提出在广昌打一场集中对集中、堡垒对堡垒、阵地对阵地的所谓“正规战争”，要“武装保卫赤色广昌，不让敌人侵占苏区寸土”。在这一作战思想的指导下，红军集结了 9 个师的兵力保卫广昌。

异常惨烈的拉锯战

4 月 10 日，国民党军向广昌发动进攻。

战斗首先在盱江东岸打响，敌人用一阵排炮打破了大战前的沉寂。接着十几架敌机出现在红军阵地上空，丢下了一枚枚炸弹，红军阵地顿时陷入一片硝烟火海之中。数番轰炸后，敌人从工事里冲了出来。

红军依托阵地，冒着猛烈的炮火和敌机的狂轰滥炸，向敌人发起一次又一次疲劳至极但顽强无比的“短促突击”，连续打退了敌人的两次进攻。

敌军在飞机的支援下又向白叶堡发起进攻。红五师在红六师一部的协助下进行反击，敌人伤亡惨重，撤回了堡垒。

红军的拼死抵抗令河东纵队受阻，陈诚因此在晚上调整部署，命令河东纵队在旴江东岸拖住红军主力，掩护河西纵队向前推进。

12 日清晨，战斗重新打响，红军主力在江东激战。当晚，旴江西岸的敌军 5 个师趁连日来阴雨不断、江水上涨，红军不能渡江之机，大举向甘竹市推进。

★国民党军修建碉堡，对中央苏区进行第五次大规模“围剿”。

13 日，敌军先以飞机、大炮对西岸红九军团

★国民党军修建的碉堡

第三师阵地进行轮番轰炸，红军死伤了几百人，损失惨重。在炮火向红军阵地纵深①延伸后，敌人发起了潮水般的进攻。

红军先在碉堡里打了一阵枪，然后冲了出去。敌人并不恋战，放一阵枪之后便向后退去。这时敌人的大炮又响了，由于是短程射击，命中率极高，红军只好再次退回到碉堡中。

红军伤亡惨重

战斗异常激烈、残酷，红军在反反复复的拉锯战中伤亡不断增加，一些阵地先后失守。此时红军执行的是李德津津乐道的“短

①纵深：指作战部署或作战任务的纵向深度，也指除前沿以外的纵深地域，如进攻纵深、防御纵深和战略纵深、战役纵深、战术纵深等。

促突击”战法，这种战法不能诱敌深入消灭敌人，反而使出击部队遭受了不应有的伤亡。

战局对中央红军越来越不利。虽然红军将士作战勇猛，但终因实力悬殊，盱江西岸的防御阵地相继失守。

广昌战役打响后，战斗异常惨烈：一些连队早上进入阵地时是 100 余人，到晚上把连部勤杂人员算上也只剩下 20 余人；许多部队把司（司令部）、政（政治部）、后（后勤部）机关工作人员都拉上去了，弹药也越来越少，火力越来越弱；红军指战员只好端起刺刀与敌人肉搏，刺刀拼弯了，就一脚踩直，继续战斗……

在沿盱江两岸宽 5 千米的广阔地面上，敌军几个师采用“东岸受阻、西岸推进，西岸受阻、东岸推进”的战法，交替构筑碉堡，步步为营，向广昌逼近，完成了第一期进攻计划。

反击作战失利

4 月 19 日，国民党军开始向广昌发动第二期进攻。

中革军委做出部署：红五军团第十三师会同坚守阵地的红三军团第六师为右翼队，继续坚守阵地，并从右翼向敌人发起反击；

红三军团主力为中央队，反击大罗山及以北地区之敌；红一军团为左翼队，反击大罗山以南六子岭、锅铁坑之敌。

4 时，红军各部队从石咀、千善、苦竹地区出发，兼程北进。

19 时，红一军团向占领大罗山以南阵地的敌第六师发起猛烈反击。经过一夜激战，红一军团给敌军造成大量杀伤，击毙敌第三十六团团长李芳等人。

20 日拂晓，东岸敌第六师、第七十九师在飞机、大炮的掩护下，向红一军团发起猛烈反扑。

此时，红军其他部队尚未跟进到指定位置，红一军团陷入孤军奋战的困境。在几次肉搏战之后，红军阵地得而复失。为避免遭受更大的损失，军团长林彪、政治委员聂荣臻下令撤出战斗，退至饶家堡地区与红三军团会合。此次反击作战失利，使战局迅速恶化。

★红军写的“彻底粉碎敌人五次围剿”的标语

饶家堡！长生桥！

4 月 20 日下午，敌人一部冒进到饶家堡附近地区。红一、红三军团当即乘其立足未稳之机，从三面围攻该敌。

不料，关键时刻，敌军后续部队赶来增援，在猛烈炮火的掩护下发起反扑，内外夹击，合力突破红军的包围，并占领了饶家堡、前排等阵地。敌我双方形成对峙局面。

红三军团军团长彭德怀看到局势危急，对政治委员杨尚昆说："饶家堡一失，广昌就只能放弃，今晚务必要把饶家堡夺回来。我们到前边去就近指挥。"

20 时，彭德怀、杨尚昆亲自率领红三军团主力趁夜向饶家堡发起反击。这时，下起了雨，影响射击，红军只得和敌人进行白刃战，终因火力不足，阵地得而复失。

21 日，天刚放亮，敌人的机群就出现在饶家堡上空。彭德怀含泪下达了撤退命令，红三军团退守云际寨等阵地。

22 日拂晓，敌人改用迂回包抄战术，先后攻占官府岭、张家山等翼侧阵地。这导致红三军团主阵地云际寨在敌阵之中势单力孤，彭德怀只好下令部队撤出，转移至杨家庙地区。

与此同时，为协同河东纵队进攻，敌河西纵队在大炮和飞机的掩护下，连续突破红九军团等部的防御。

如此一来，盱江上的长生桥就成了两军争夺的焦点。为了确保红一、红三军团顺利过江，长生桥守卫部队——红十四师成立了几支敢死队，与敌军展开了殊死搏斗，付出了巨大代价。等红一、红三军团渡过盱江到达西岸的广昌西北地区时，红十四师才撤守长生桥。

至 23 日，国民党军相继攻占了长生桥、伞盖尖等阵地，逼近广昌城，完成了第二期进攻计划。

广昌城三面被围

这时，战局对红军已经十分不利：广昌没有城墙，附近地区大部分是平坦开阔地带，适宜大兵团运动作战，不利于坚守；红军缺少重武器，虽然构筑了许多工事，却经不住敌军飞机和大炮轰炸，城外防御阵地已全线崩溃。

27 日，国民党军集中 10 个师的兵力，在空军和炮兵的配合下沿盱江两岸会攻广昌。当日晨，敌军第十一师在飞机的支援下，发动猛烈攻击，红军阵地顿时浓烟滚滚、火光冲天。

红军的工事和堡垒一个个被炸毁，红军医院、兵站也被摧毁，广昌城被战火和硝烟吞没。在敌人密集炮火的封锁下，红军几乎都被困在阵地上无法动弹。

轰炸、炮击后，盱江两岸的敌人同时向广昌城发起了总攻。整营、整团的敌人蜂拥而至，密密麻麻、一片一片地扑向红军阵地。

红军指战员一次次冲出战壕向敌人发起反冲锋。战士们用刺刀拼、马刀砍、枪托砸，与敌人展开了殊死搏斗，打退了敌人一次又一次进攻。

在血与火的激战中，红军虽然死打硬拼，但终究拼不过在数

★广昌战役遗址

量和装备上都占据绝对优势的敌军，消耗极大，伤亡倍增，被迫后撤至西华山。

11 时，敌第九十八师集中火力向西华山阵地猛烈攻击。彭德怀、杨尚昆亲临阵地指挥红三军团与敌激战，敌空军和炮兵对红军阵地实施狂轰滥炸。激战至傍晚，红三军团多次打退敌人的进攻。敌人发动大规模反扑，红军撤出战斗，向敌第十四师发动反击。

此时，盱江东岸的战斗同样异常惨烈。红九军团等部一次又一次向敌人发起反击，遭受重大伤亡，仍未能阻止敌人前进。敌军占领了广昌东北的桃牌洲、藕塘下一带。

红军撤离广昌

敌军此时已从东、北、西三面包围广昌。血战之后，红军付出了巨大代价。在惨痛的事实面前，博古和李德只好放弃固守广昌的计划。

28 日，红三军团除留 1 个营在广昌北面支点迟滞敌人，另 1 个营在官坊附近掩护外，全军撤离广昌。随后，敌两路纵队进占广昌。

广昌保卫战是红军历史上最典型的阵地战、消耗战，历时18天，红军伤亡5000余人，约占参战总人数的五分之一。虽然最终被迫撤出了广昌，但在这场保卫战中，红军指战员们表现出的不怕牺牲、英勇作战的精神同样可歌可泣。

战例点评

作为中央苏区第五次反“围剿”的一个重要战役，敌我双方都将广昌之战视为“围剿”与反“围剿”胜负的关键。蒋介石把广昌作为首要攻击目标，调集其嫡系精锐部队重兵出击，企图从这里打开战局突破口。

此战，面对敌强我弱、敌攻我守的态势，红军指挥员放弃了机动灵活的打法，以阵地战代替运动战，以消耗战代替歼灭战，与实力悬殊的敌人死打硬拼，打了一场惨烈的保卫战。

红军伤亡惨重，丧失了大片苏区和战场主动权，很多红军指挥员开始认识到“左”倾冒险主义的严重危害。彭德怀当面批评李德瞎指挥，斥之为“崽卖爷田心不痛”。他说：“你们的作战指挥从开始就是错误的。”“在敌碉堡密布下，进行短促突击，十次就有十次失败，几乎没有一次是得到成功的。”“这种主观主义，是图上作业的战术家。”时任中央政治局常委张闻天曾公开批评，在广昌保卫战同敌人死拼，使红军受到了不应该有的损失。

第十章

万源保卫战

1933年2月至10月，红四方面军在总指挥徐向前、政治委员陈昌浩的指挥下连续取得反“三路围攻”等战役的胜利，部队扩大到5个军8万余人，川陕革命根据地也得到了很大发展。此时，军阀刘湘击败了其他对手，暂时结束了四川军阀混战的局面，于10月就任四川“剿匪”总司令，获得蒋介石大批军费和武器支持，随即纠集四川各路军阀分六路围攻川陕革命根据地。从1933年12月至1934年6月，红四方面军采取“收紧阵地，待机反攻”的作战方针，粉碎了四川军阀发动的三期总攻，使敌人损失近4万人。恼怒之下，刘湘决定孤注一掷，调集一切可以调动的兵力向川陕革命根据地发动第四期围攻，其中在东线集结重兵，企图攻占万源。红四方面军打响了万源保卫战。

1934年6月22日，四川军阀发动了第四期围攻。刘湘集中50多个团的兵力，向万源至通江一线的红军阵地进攻，企图先攻占万源，之后东西合击，围歼红军。

“誓死保卫万源”

此时红四方面军已经退到根据地后部纵横不过50多千米的狭小地域：东起万源以东的甑子坪，西至通江，北迄川陕交界的米仓山……到了无路可退的境地。

★红四方面军建立川陕革命根据地，在通江县召开第一次工农代表大会。

根据地越来越小，粮食、盐巴、药品、弹药等物资难以补充。红四方面军总部决定坚守万源，依托有利地形顽强抵抗，寻找机会实施反击。

6月上旬，红九军和红四、红三十军各一部退守万源城南一线阵地，利用当地山势陡峭、易守难攻的有利地形，依山势自下而上筑成数道堑壕、盖沟，设置层层竹篱、鹿寨等防御障碍物，并准备了大量的滚木礌石，严阵以待。

红四方面军要求各部队继续发扬以寡击众、以少胜多的顽强精神，坚决顶住敌人的进攻，积蓄力量，适时转入反攻。

“誓死保卫万源！”

“活不缴枪，死不丢尸，人在阵地在！”

“紧急关头，准备反攻，进行决战！”

面对强敌，红军指战员士气高昂，喊出了坚定有力的口号。

大刀显神威

7月11日，川军以万源为主要目标，发动全线猛攻。

16日，川军前方总指挥唐式遵自恃后备兵力雄厚，以8个旅的兵力向万源城东南孔家山、大面山及以西的南天门等红军阵地发动猛攻。

唐式遵亲临前线指挥，决心一举突破红军阵地，进占万源城。许世友率领红二十五师坚守大面山。

在督战队的驱使下，敌军发起了密集进攻，一上午就达五六次之多。敌人用的是“赶鸭子”战术，冲锋时人山人海。红军依托阵地沉着应战，等敌人冲到阵地前几十米时各种火器一起开火，滚木礌石倾泻而下，把敌军打得抱头鼠窜。

看到攻击部队连连受挫，唐式遵暴跳如雷，请求飞机支援。不一会儿，随着越来越近的轰鸣声，8 架机翼上涂着青天白日徽标的飞机飞临阵地上空，不时俯冲下来，疯狂扫射投弹，浓黑的硝烟顿时在红军阵地上升起。

轰炸过后，漫山遍野的川军士兵又狂呼乱叫着冲上来。红军将士也已经杀红了眼，与川军拼得惊天动地。阵地前，敌人的尸体越积越多。

气势汹汹的川军连续多次冲锋受挫，打了大半天也没有攻下一个山头。唐式遵气得脸色发青，重新组织空袭和炮轰，大面山的战斗进入更加残酷的阶段。英勇的红军将士发扬以一当十的大无畏精神，用血肉之躯抵挡住敌人一次又一次的疯狂进攻。

在川军的连续冲击下，红军的伤亡不断增多。危急关头，红军指战员挥舞着大刀冲入敌阵，猛追猛杀，硬是把敌人杀下了山，重新夺回了阵地。

★红四方面军在通江的总指挥部旧址

当时，红二十五师从师长到战士每人都配有一把系着红布的大刀。大刀用纯钢打造，锋利无比，连砍十几个铜板都不会卷刃。红二十五师师长许世友对大刀特别钟爱，他常挂在嘴边的一句话就是：“红军枪弹不足，大刀是冷兵器中最为便当、最让敌人胆寒、最有号召力的一种兵器。”

这一天红军战士们从天亮一直血战到天黑，直杀得川军血肉横飞，胆寒心裂。

川军招架不住，丢下一堆堆尸体，狼狈地败下阵去。

阵地屹然不动

经过5天休整，7月22日，唐式遵再次指挥部队向大面山、甑子坪发起进攻。

血战又开始了！

一阵又一阵炮火猛轰，一轮接一轮冲锋突击，川军大有三两下就把红军阵地翻过来之势。红军将士勇猛顽强，与敌人血战至黄昏。川军在红军阵地前留下了大量尸体，仍一无所获。

27日，唐式遵在刘湘的电责下又向大面山、甑子坪发动了一次猛攻，在红军的顽强抵抗下又一次败下阵去。刘湘看到连续进攻都不能攻克红军阵地，于是颁布了“重奖严惩”的条款：攻下万源的赏3万银圆，擅自弃阵逃跑的军法从事，长官不临阵指挥的处死。

看到刘总司令动了真格，唐式遵自然不敢怠慢。8月6日，经过数天准备，唐式遵率部倾全力向万源城外的阵地发起了全面进攻。唐式遵亲临前线指挥，并出动飞机掩护步兵进攻，发誓要在日内将万源攻下。

川军先以炮火猛轰红军阵地，然后发起波浪式的密集冲锋。

一次冲锋被打退，接着组织第二次、第三次、第四次……1 个团攻不动，就投入 2 个团、3 个团、4 个团……

战斗进行得异常激烈，红军前沿阵地不时被敌人突破，许世友将营敢死队、团预备队都投入了战斗，同敌人反复争夺，战斗到了白热化的程度。

一向善打恶仗的许世友后来回忆说："万源防御战，是我一生中经历过的一次规模最大、时间最长，也极为残酷、激烈的坚守防御作战。"

激战一整天，红二十五师阵地屹然不动。敌人付出了惨重代价，仍未能前进一步。

★反"六路围攻"中红四方面军黄木垭前线指挥所遗址

发起全线反击

8 月 7 日清晨，敌军又以隆隆炮声拉开了战幕。川军仍用老战术——炮火猛轰后，步兵发起冲锋。

敌人拼了死命，攻击力相当强。此外，川军中还有一群“要钱不要命”的土匪和亡命徒，他们为了领赏钱、烟土，光着膀子，手持短枪，嗷嗷叫着冲向红军阵地。

这是关系到川陕革命根据地生死存亡的一场血战，红军将士们以“人在阵地在”的决心，打退了敌人一次又一次进攻。

★红四方面军在四川通江王坪修建的烈士墓碑

战至下午，敌人的进攻力量终于被消耗殆尽，红二十五师趁势发起了全线反击，许世友也带着师直属分队杀向敌人。

早已精疲力竭的敌人溃不成军，整团整旅地向后逃窜。一时间，唐式遵布置在大面山前的部队全部动摇。红军一直追出3000多米，把敌人赶到白沙河才得胜而回。红军最终在万源保卫战中取得了胜利！

万源保卫战历时20余天，红军共歼灭川军1万余人，缴获步枪千余支、机枪30余挺、迫击炮30余门，取得了空前胜利，成为反“六路围攻”战役的转折点，为红四方面军主力转入反攻创造了条件。

战例点评

毛泽东在《中国革命战争的战略问题》等军事著作中，科学地揭示了积极防御的内涵和实质："积极防御，又叫攻势防御，又叫决战防御。"积极防御是为了反攻和进攻的防御。万源保卫战就是积极防御的一个典范战例。

此次战役，红军在"收紧阵地"方针的指导下，依托有利地形，不断消耗和削弱敌人，逐步集中兵力，以实现敌我攻守易位。不过，在实战中，当敌方达到进攻顶点的时候，我方的阵地收缩也会达到极限，整个战线的张力达到顶点，形势异常艰险。徐向前对此评价道："'不见兔子不撒鹰'，要熬到总反攻，投到总反攻中去。实际上，当我们最困难、最熬不住的时候，往往也正是敌人最困难、最熬不住的时候。打仗，就要有股狠劲、硬劲，要熬得过战局中的'最后五分钟'。"在战场上常常是这样，在己方最困难的时候，敌方可能更困难，这时候双方就要较量胆魄和意志。

在生活中也是如此，我们在克服困难艰苦奋斗的时候，胆魄和意志往往会起决定性作用。对于青少年朋友来说，在持续数月乃至数年的学习中也会遇到"最后五分钟"，只有咬紧牙关坚持下去，才能不断突破自我，迎来收获。

突破乌江

第五次反“围剿”失利后，中共中央、中革军委率中央红军主力被迫离开中央苏区，开始长征。国民党军在中央红军前进道路上设置了四道封锁线，妄图堵截红军。1934 年 11 月 27 日至 1934 年 12 月 1 日，中央红军与优势之敌在湘江两岸血战五昼夜，最终突破了第四道封锁线，彻底粉碎了蒋介石围歼中央红军于湘江以东的企图。中央红军随后转兵贵州，计划进军遵义。国民党军又在乌江北岸布下重兵，妄图把乌江变成“第二条湘江”。

中央红军开始长征后，国民党军判断红军将沿湘桂交界处北上湘西，与红二、红六军团会合，于是调集重兵，企图把中央红军一网打尽。中共临时中央主要负责人博古等坚持中央红军进入湘西北，与红二、红六军团会合。危急关头，在毛泽东等人的力争下，中央红军改变了原先的战略计划，决定争取主动，向敌人防御薄弱的贵州进军。

进抵乌江天险

1934 年底，中央红军来到贵州境内的乌江南岸。

乌江从西南到东北斜贯贵州，是贵州省第一大河，也是长江上游南岸最大的支流，古称黔江。乌江奔流在两岸深灰色的坚硬山岩之间，河岸陡峭，水深流急，是遵义、桐梓南面的一道天然屏障，自古号称天险。

贵州地处中国西南部，当时是“天无三日晴，地无三里平，人无三分银”的贫穷偏僻山区，最高军政长官是国民党贵州省主席兼第二十五军军长王家烈。

第二十五军共有5个师，看上去人数不少，但分属4个派系，装备不整，缺乏训练，并且上至军长下到火头军（炊事员），几乎人人吸食鸦片，号称“双枪兵”（一支步枪、一支烟枪），战斗力很差，军纪极坏，“军行所至，鸡犬不留”，简直就是一群乌合之众。

毛泽东力主红军转兵入黔，正是看中了黔军战斗力弱这一点。

黔军布防

1935年元旦，中共中央政治局会议在猴场召开，作出了《关于渡江后新的行动方针的决定》，再次否定了博古、李德的错误主张，重申“建立川黔边新苏区根据地”，“首先以遵义为中心的黔北地区，然后向川南发展，是目前最中心的任务”。

会议还通过了“关于作战方针，以及作战时间与地点的选择，军委必须在政治局会议上做报告”的决议，从而彻底改变了博古、李德取消军委集体领导、个人说了算的不正常状况。

会议决定，红军下一步的行动计划是占领黔北重镇遵义，为此就要渡过通往遵义道路上的天险——乌江。中革军委命令红一军团对乌江实施强渡，其中第一师由军团长林彪和军团政治委员聂荣臻率领，第二师由中革军委直接指挥，分别在回龙场、江界河渡口突破。

防守乌江天险的是黔军第二十五军副军长兼教导师师长侯之担。为阻止红军渡过乌江，侯之担调兵遣将，将驻川南、黔北的大部分兵力向遵义集中，并召集所部旅、团长到遵义开会，商议对策。

★乌江（莫昕梨　摄）

会上，侯之担信誓旦旦地说："教导师奉令防守乌江，必须堵截红军越过。如有玩忽职守，军法从事。"但手下军官却没有那么乐观，纷纷摇头叹气——红军战斗力非同一般，蒋介石数十万中央军尚且阻挡不住，也不敢迎头堵截，乌江又怎么能阻挡得住？况且乌江战线过长，有一点被突破就会全线动摇。

有军官认为红军不会在贵州久留，建议侯之担不如兵分两路撤离遵义，避免与红军交锋，等红军走后再收复遵义。但侯之担自恃有乌江天险，坚持据守。他认为红军会选择袁家渡和孙家渡一带作为强渡乌江的突破口——此处位置重要，并且河面宽广、水流较缓，背面山势又不太陡峭。

侯之担做出部署，把手下兵力放在乌江的江界河一带渡口及河岸沿线，重点是江界河、袁家渡、孙家渡、茶山关等点，自己率特务第一营驻守遵义指挥。

侯之担心存侥幸，还给部下打气："乌江素称天险，红军远征，长途跋涉，疲惫之师，必难飞渡。红军或不致冒险来攻乌江，可能另走其他路线。"

强渡乌江

先头部队红二师第四团在第二师师长陈光的率领下，迅速逼近乌江南岸的江界河渡口。

红四团团长耿飚和政治委员杨成武亲自化装来到江边侦察，发现乌江天险果然名不虚传——湍急的江水一泻千里，犹如万马奔腾；两岸到处是 100 多米高的悬崖绝壁，其间怪石嶙峋，看起来非常狰狞。师、团领导决定佯攻渡口大道，主攻敌人疏于戒备的渡口上游小道。

1935 年 1 月初，以第三连连长毛振华为首的 8 名擅长游泳的勇士，冒着严寒和急流，在上游老虎洞悄悄泅水过江。但是，由于准备架桥的绳索被敌军炮火打断，勇士们只得游了回来。

当天夜里，红军又组织 18 名勇士乘竹筏偷渡。然而由于水深浪急，只有毛振华率领 4 名战士乘坐竹筏成功渡河，登岸后冒着严寒潜伏于黔军罗玉春团防线的岩石下面。

第二天 9 时，红四团紧急绑扎了 60 多只竹筏，以 3 只竹筏为先头部队，在密集火力的掩护下于渡口上游实施强渡。红军逼近对岸，敌人拼命阻击，却意外发现自己阵地岩石下埋有伏兵。在此隐藏了一夜的毛振华等 5 名勇士仿佛从天而降，瞬间便冲到了黔军阵地上，枪声、手榴弹爆炸声响成一片。黔军仗着人多势众，又居高临下，拼命抵抗。

这时，敌人的预备队也杀了过来，红军被迫退守江边。危急关头，红一军团炮兵连连长赵章成一连发射 3 发炮弹，准确命中目标，把正向红军猛冲的敌人打得乱了阵脚。红军趁势反击，黔军四散溃逃。

黔军败兵乱作一团，团长罗玉春指挥失灵，急得嘶声吼叫：

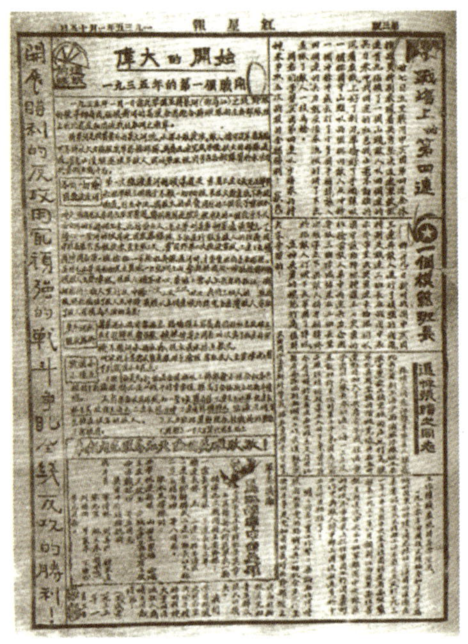

紅星報

偉大的開始

一九三五年的第一個勝利

戰場上的第四連

一個模範班長

開展勝利的反攻用頑強的戰斗爭取全線反攻的勝利！

★《红星报》报道红军强渡乌江的英雄事迹

“我不走，我要死在这里！”卫兵们只好拖着罗玉春仓皇逃命。

罗玉春团的迅速崩溃引发了“雪崩”般的溃败：1 月 3 日下午，教导师第三旅旅长林秀生率该旅溃退，在猪场被教导师副师长侯汉佑收容；川南边防军第一旅旅长易少荃率2个团撤到龙坪、深溪水设防堵击，在与红军交战数小时后惨败，易少荃率残部绕过遵义城向桐梓逃窜；扼守茶山关的右路指挥刘翰吾听闻林秀生、易少荃两旅相继惨败的消息，弃关而逃，红军顺利夺取了茶山关。

红军强渡乌江成功后，工兵部队迅速架设浮桥，确保军委纵队和后续部队安全过江。几乎与此同时，红一军团主力及红九军团在回龙场渡口成功渡江。随后，红三军团在茶山关渡口渡过乌江。1 月 6 日，中央红军全部渡过乌江。

向遵义进军

红军突破乌江，扭转了战场上的不利局面。中央红军乘胜追击，兵分三路浩浩荡荡地向侯之担部驻扎的黔北重镇遵义前进。

遵义是贵州第二大城市，是黔北政治、经济、文化中心和贵州军阀赖以发迹的地方，也是中央红军长征以来经过的第一座繁华的大城镇。

★电影《突破乌江》剧照

得知红军进逼遵义，黔军第二十五军教导师副师长、江防指挥侯汉佑于1月4日仓皇逃回遵义。

侯之担收拾多年来搜刮的金银细软准备弃城逃跑，刚坐进汽车，就看到侯汉佑气喘吁吁地跑来请示撤退路线和集中地点。侯之担不耐烦地说：“我要去重庆会刘湘再转赤水。你赶快收容部队到仁怀、茅台一带集中，听候命令……”

话没说完，城里突然响起了一阵急促密集的枪声。随即有人高喊：“不好了，快跑呀！共军打进城了！”

侯之担闻之脸色大变，命令司机：“快、快、快开车！”在刺耳的喇叭声中，汽车一溜烟向城外驶去。

1 月 7 日凌晨，红军智取遵义。

突破乌江一战，中央红军机智勇敢地打败了乌江对岸的敌军，完成了突破乌江天险的战斗任务，为全军向遵义进军作战计划的实施提供了保障。

战例点评

强渡乌江作战与湘江之战仅仅间隔一个多月，红军在此战中付出的代价要比湘江战役小得多。其实乌江号称天险，对岸又有黔军凭险据守，红军突破的难度并不小。此战红军能够取胜，一个重要原因就是在黎平会议和猴场会议之后，毛泽东关于中央红军放弃同红二、红六军团会合的原定计划，向西在川黔边建立新苏区的正确主张被接受，从而改变了中央红军的前进方向。

方向选择的正误，直接影响后续作战的成败和战场全局形势的发展。实践证明，红军西入贵州，大出敌军意料。蒋介石在湘西与红军决战的企图就此落空，被迫改变部署。

思路一变天地宽，红军选择了正确的方向，不但形成了于己更为有利的作战态势，还为实施新的机动和后续作战创造了条件。即便凶险如乌江，在重新获得正确指挥的红军面前，也不再是无法逾越的天险。整个战役如行云流水，一气呵成，英勇的红军将士给党中央交上了一份优异的答卷，也预示着中国共产党的历史性转折即将到来。

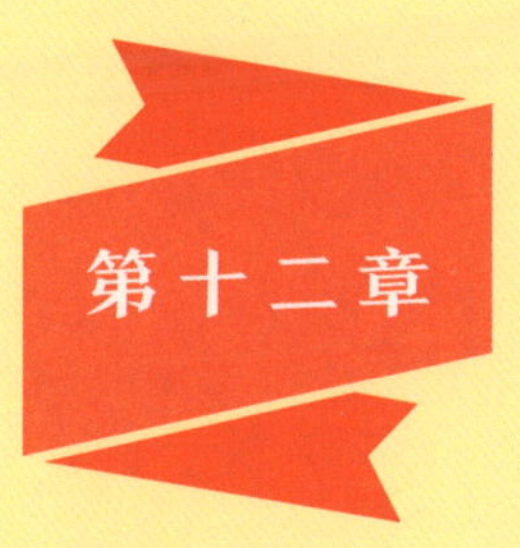

四渡赤水之遵义战役

1935年1月7日，红军第一次占领遵义。1月15日至1月17日，中共中央政治局在遵义召开了扩大会议，结束了“左”倾教条主义错误在中央的统治，在实际上确立了毛泽东在红军和中共中央的领导地位。然而，此时的形势仍然十分严峻：前有重兵堵截，后有追兵赶来。在毛泽东的指挥下，中央红军离开遵义，在3个月时间里四渡赤水，巧妙穿插于国民党军各路重兵之间，不断创造战机歼灭敌人。其中，在二渡赤水之后，中央红军发起了遵义战役，第二次占领遵义。

★红军二渡赤水遗址——太平渡渡口

1935 年 1 月，中央红军决定向北到四川与红四方面军会合，遭到敌军阻截。中央红军一渡赤水进入川南，随后改向敌人兵力薄弱的川滇边集结，但这时又有大批敌军迫近。为迅速摆脱敌人的追击，中革军委决定挥师东进，二渡赤水，回师贵州北部。

红军的行动完全出乎蒋介石的意料，他急忙命令附近的川军、黔军和中央军向遵义方向疾进，企图阻止并围歼红军于娄山关或遵义以北地区。

激战娄山关

2 月 24 日，红一军团先头部队进占桐梓，随后以急行军速度向遵义前进。桐梓守军退守娄山关。

娄山关雄踞娄山山脉的最高峰，是黔北门户，周围山峰如剑，直插云霄，山间是十步一弯、八步一拐的公路，有“一夫当关，万夫莫开”的气势。

★娄山关红军战斗遗址（岑耀南　摄）

★遵义战役小尖山战斗遗址

要再次夺取遵义，娄山关是必争之地，红三军团军团长彭德怀命令部队跑步前进，与时间赛跑。

25 日凌晨，红军与敌军为争夺娄山关关口展开激战。

25 日晚，红军占领娄山关，随即连续击退了黔军的多次反扑。红军牢牢控制住关口，接着乘胜向遵义方向追击，27 日在遵义以北击溃黔军 3 个团。

28 日清晨，红军再次占领遵义城，并控制了城西南老鸦山、红花岗一线的高地。

迎击冒进之敌

红军坚决迅速攻克娄山关和遵义的行动，使前来增援的国民党军中央军吴奇伟纵队陷入被动。

在遵义城外的忠庄铺，吴奇伟碰到逃出遵义的王家烈，此时王家烈身边只剩下少量人马，失魂落魄。

吴奇伟纵队是蒋介石亲自授命长期尾追红军的中央军嫡系部队，人员齐整，装备精良，并且倚仗着“追剿”数千里的气焰，骄横跋扈。

和王家烈一见面，吴奇伟就信心十足地说：“我带的第四军2个师正在行进途中，大约再过一两个小时就可赶到。我们现在的任务是反攻遵义，应协力作战。”

王家烈知道红军的厉害，信心早已崩塌。吴奇伟不以为然，以不容置疑的口气和王家烈商量：“我们现在有2个师又1个团的兵力，足够反攻。你看怎样打？”

王家烈无奈地说：“依当前地形，我们的主力应由西侧隐蔽向桃溪寺前进，首先占领红花岗。”

吴奇伟命令所部第五十九师2个团和第九十三师1个团为主力，向红花岗、老鸦山发动攻击，黔军2个团打配合。

根据敌情，中革军委决定乘吴奇伟部孤军冒进之机，集中兵力，将其歼灭在遵义城以南地区。具体作战计划是：将红三军团部署在红花岗、老鸦山一带高地，阻击敌军；红一军团主力向忠庄铺突击，直插敌纵队指挥部。

28 日上午，战斗打响了。

一场激烈的战斗围绕红花岗右侧主峰老鸦山展开，敌我双方都拼尽了全力：敌人猛打猛冲，一口气夺下红花岗、老鸦山前面的几座山头，红军随即组织反攻，又夺回了几座山头。

不久，敌人又组织兵力反扑，逼退红军；红军再次组织反攻，将几座山头的敌人赶下去……双方在山上山下反复争夺，战斗到了白热化程度。

敌人看到进攻一时难以奏效，于是改变部署，以 1 个多师的兵力轮番进攻老鸦山，企图先攻下老鸦山，再扩大战果。

防守老鸦山主峰的是红三军团第十团，这是一支善打硬仗的部队，面对强敌毫不畏惧。敌我双方又一次反复争夺阵地，有好几次敌人离主阵地只有几米了，又被英勇的红军指战员用大刀和石块赶了下去。

敌人以优势兵力、火力轮番冲击，红十团损失严重，团长张宗逊负伤，参谋长钟伟剑牺牲，老鸦山主峰一度丢失。敌军不仅居高临下威胁红花岗阵地，而且直接威胁遵义城的安全。

插向敌军心脏的尖刀

正当红三军团与敌人反复争夺老鸦山时，红一军团主力已隐蔽集结在这一带的丘陵地区待命，而敌人全然不知。

战局到了千钧一发之际，山谷里突然响起了嘹亮的冲锋号声，红一军团主力如猛虎一般，迎着公路排山倒海般冲杀下去，直插吴奇伟的指挥部。

战局就此发生了戏剧性转折，已经得手的吴奇伟部又突然失手。正在公路上运动的敌人最先掉头往后跑，整个阵线随即发生动摇。由于吴奇伟几乎把全部力量都压向老鸦山、红花岗的红三军团阵地，指挥部周围没有预留多少部队，此时只得带着身边少数人员狼狈逃窜。

占据老鸦山主峰的敌人发现指挥官突然溜走了，知道大事不妙，转身沿着来时的路向乌江狂奔。王家烈率残部向打鼓新场逃窜。

乌江边的溃败

红军开始了排山倒海式的追击！

红军一口气追到懒板凳，将第五十九师击溃；又追到刀靶水，将第九十三师打得溃不成军。第五十九、第九十三师据说自参加第五次“围剿”以来从未败过，结果被红军追得全军溃乱、建制崩溃，连师部指挥所和后方机关都来不及撤走，文件、武器和物资丢得满地都是。

吴奇伟率第九十三师残部最先逃到乌江边。江面上有一座长长的浮桥，是他们来的时候搭建的——只要过了这座桥，就安全了。

吴奇伟立即与南岸联系，命令欧震率第九十师速来支援。不料欧震认为北岸兵败如山倒，自己的部队过江增援太危险，于是一口回绝，只在南岸占领阵地，掩护

★红军总参谋部在遵义的作战室

★遵义城一角

收容败兵。

北岸局面无法收拾，南岸援兵指望不上，吴奇伟面对滚滚江水，看着这座通往安全之地的浮桥，颓然地坐在地上大哭起来："我也不过江了，就在这里死了算了。"卫士们面面相觑，不知如何是好。最后，几个卫士只得连拖带拉把吴奇伟弄到了南岸。

江南岸山势陡峭，吴奇伟一行爬到半山，刚坐下来想喘口气休息一下，就听到江北岸枪声大作——红军已经到了对面山顶。山下渡口处到处是残兵败将，正乱哄哄地拥向浮桥抢渡。

吴奇伟看到红军追兵直逼江岸，不等后续部队过江，"果断"命令工兵营斩断浮桥。江面上顿时发出一声声撕裂人心的惨叫——正蜂拥过桥的国民党军官兵纷纷落入江中。但那惨叫声不久便被乌江的浪涛声掩盖，一切又恢复了平静。

跟在吴奇伟后面突围的第九十三师残部 1800 多名官兵被甩在北岸，连同大批辎重都做了红军的俘虏和战利品。

战后，吴奇伟向蒋介石报告：士兵拥挤抢渡，将浮桥压断。私下里他则对部属强调因受王家烈连累斩断浮桥，是一次战略行动——如果红军南渡乌江，贵阳兵力单薄，大局必受影响。

遵义战役历时 5 天，中央红军运用灵活机动的战略战术，

★遵义红军山烈士纪念碑

取桐梓、夺娄山关、占遵义城，共击溃和歼灭国民党军2个师又8个团，俘敌3000余人，缴获大量武器弹药，打了一场漂漂亮亮的大胜仗，这也是中央红军长征以来取得的最大一次胜利。

毛泽东怀着喜悦心情登上娄山关，极目四望，感慨良多，写下一首《忆秦娥·娄山关》：

西风烈，长空雁叫霜晨月。霜晨月，马蹄声碎，喇叭声咽。　　雄关漫道真如铁，而今迈步从头越。从头越，苍山如海，残阳如血。

战例点评

遵义战役是中央红军长征以来取得的第一个伟大胜利，全军上下一扫自第五次反“围剿”以来失败和被动的阴霾，声威大震。在毛泽东的指挥下，红军在广阔的战场和流动不定的战线上，大踏步地前进和后退，避敌之长，击敌所短，一再给国民党军造成错觉，积极创造战机，大量歼灭敌人有生力量，取得了遵义战役的胜利。

毛泽东对这一战法的概括就是，“打得赢就打，打不赢就走”，遵义战役极其生动地体现了“走”与“打”的微妙之处——“走”与“打”是统一的。“走”是为了更好地“打”，通过广泛机动，巧妙与敌人周旋，迫使其疲于奔命，从而为我军创造歼敌的有利时机。当然，“打”也能为“走”创造条件——给敌人以歼灭性的打击，才有可能打开战局的突破口，这是与强敌作战时创造战机的一种重要方法。

不过，从总的战略上看，此战胜利之时，三万红军仍未跳出几十万敌军的包围圈，红军需再接再厉，乘胜挺进，夺取新的胜利，毛泽东因此有“雄关漫道真如铁，而今迈步从头越”的感叹。经此一役，在中国共产党的领导下，红军将士雄姿英发，气吞强敌，没有什么雄关、险隘能够阻挡他们前进的步伐！

陈家河桃子溪战斗

红二军团是由湘西红军第四军和鄂西红军第六军合编而成的；红六军团由湘赣革命根据地和湘鄂赣革命根据地的红军合编组成。1934 年 10 月，红二、红六军团在贵州东部印江县会师。为了策应中央红军长征，红二、红六军团在贺龙、任弼时等指挥下向湘西出击，创建了湘鄂川黔革命根据地。1935 年 2 月，湘鄂两省敌人集中了约 11 万兵力，采取堡垒主义和分进合击、攻堵结合的战法，分六路对湘鄂川黔革命根据地进行“围剿”，企图乘红军立足未稳之机，将红军消灭在湘鄂西部边界地区。4 月，红军在陈家河、桃子溪地区展开了反“围剿”作战。

★湘鄂川黔革命根据地中心永顺塔卧一角

面对来势汹汹的国民党军，红二军团军团长贺龙、政治委员任弼时指挥红二、红六军团进行坚决抗击，先后在溪口、高粱坪、后坪等地与国民党军激战。

但由于红军此时执行的是正面防堵的消极防御策略，没有集中使用兵力，没能阻止国民党军的进攻，自身伤亡很大，2个军团减员至9000人；大庸、桑植失守，红军被压缩到一个狭小的区域，中共湘鄂川黔省委驻地塔卧和后方龙家寨距离国民党军只有1天到1天半的路程。任弼时后来说："这是我们处境最困难的时期。"

红军向北转移

中共中央及中革军委曾来电指示红二、红六军团："你们主要活动地区是湘西及鄂西，次是川黔一部。当必要时主力红军可以突破敌人的围攻线，向川黔广大地区活动，甚至渡过乌江。但须在斗争确实不利时，方才采取此种步骤。"

根据中央指示，为扭转困局，中共湘鄂川黔省委和军委分会决定：暂时放弃根据地；集中红军主力，并将大部分地方武装编入主力部队；立即北渡长江，转移到湖北省南漳、兴山、远安地区，创建新的根据地。

4 月 12 日，红二、红六军团离开塔卧、龙家寨等根据地中心地区，开始向北转移，准备经万民岗、陈家河、仓官峪，到秭归东南的香溪北渡长江。

出发前，贺龙对部队讲话："蒋介石下了大本钱，来了十几万人，要抄我们的家，要消灭我们红军。抄家吗？可以嘛！消灭我们？办不到。早早晚晚我们要打回来。到了那个时候，要打他们一个鸡飞狗跳……"

红二、红六军团出发不久，川军郭汝栋纵队就进占了塔卧。

湘鄂川黔边区"剿总"军第一路军总司令何键对在桑植、龙山、永顺一带"合围聚歼"红军信心十足，于是下令各路纵队广筑碉堡、构筑封锁线，又命令鄂军纵队司令兼第五十八师师长陈耀汉率部从桑植向西挺进，以防备红军向西逃跑。

陈耀汉也认为红军此番是仓皇逃跑，想捡个便宜在蒋介石面前争头功，于是命令所属第一七二旅向两河口、陈家河一带前进，第一七四旅经陈家河转往万民岗地区。陈耀汉率纵队和师部在中间策应，企图与西面的张振汉纵队打通联系，截击并歼灭红二、红六军团。

狭路相逢勇者胜

4 月 12 日下午，红军先头部队第四师到达陈家河西南蒋家垭地区，与企图阻止红军北进的第一七二旅遭遇。

陈家河位于桑植县城以西 30 千米处，四周重峦叠嶂，只在山腰处有一条崎岖小道通向桑植，是红军向北转移的必经之地。

与敌人遭遇后，前卫红十团立即发起攻击，歼灭敌人一个警戒分队，并占领了蒋家垭北侧的田家坡高地。红军从俘虏口中了解到敌人的具体部署，得知第一七二旅刚刚进占此地，工事还没

★陈家河战斗遗址

有完全修筑好，部队分散配置在陈家河、铜关槽、庙凸山、张家湾和澧水南岸的蔡家坪等高地。

贺龙、任弼时与红六军团军团长萧克等研究对策，决心在陈家河好好教训一下陈耀汉。

贺龙说："陈耀汉用兵慎重，这次冒了火，是以为我们垮了。他堵住了我们的路。大路只此一条，堵住就过不去。陈耀汉这个师武器比我们强，可是他这个旅远离桑植。我们两个军团有 11 个团，力量大大超过它。他们是北方部队，过去多在平原活动，不擅长山地作战。对陈家河一带的地形，我了如指掌，多山多水，道路少而狭窄，他们撤退、逃跑、增援都很困难，战场对我们有利！加上敌人刚到，立足未稳，他们的命根子碉堡工事也未来得及修，尽管占了镇子，却来不及作固守的准备。我看哪，一定要给敌人一点厉害看看，免得他们成天到处发疯！"

萧克当即表示："对，消灭他 1 个旅，我们有 11 个团，可以说是狮子抓乌龟喽。"

任弼时追问道："打是对的，打完了呢？"

贺龙意气风发地说："要走，也要打完这仗再走。我看，不胜，就走；小胜，再看看；大胜嘛，杀他个回马枪，老子不走喽！"

★土地革命战争时期的贺龙

陈家河大捷

贺龙命令部队悄悄隐蔽在河西面围子后边的大山上和围子附近的 3 个小山包附近，居高临下，封锁陈家河唯一的渡口。

4 月 13 日凌晨，红二、红六军团在田家坡及其西北地区展开。红军此战计划攻击庙凸山和张家湾上的敌人，使陈家河、铜关槽大山上的敌方阵地暴露出来，之后将铜关槽、蔡家坪和澧水两岸的敌人各个歼灭。

上午 8 时，正当红军准备发起攻击时，庙凸山上的敌人约 1 个营率先向红五十一团阵地发起进攻，企图先发制人。红五十一团沉着应战，在将敌人放入手榴弹有效杀伤距离之后，突然投出大量手榴弹，炸得敌人四散奔逃。军号吹响，红军趁敌人混乱之机发起猛攻，一口气打到敌军阵地纵深，接连攻下了庙凸山、张家湾和吴家湾3个制高点。

与此同时，红二军团主力渡过澧水，向蔡家坪、玛瑙台的敌人发起进攻；红六军团主力和红四师一部向铜关槽的敌人阵地发起突击；红五十一团预备队第三营则直插陈家河——敌第一七二旅旅部驻在此地，切断了澧水两岸敌人的联系。

经过激烈战斗，澧水南岸蔡家坪和玛瑙台的敌人被全部歼灭。扼守铜关槽的敌军400余人利用地形复杂的有利条件，企图顽抗待援，最终也难逃被红军全歼的命运。旅长李延龄被击毙在澧水河畔。

陈家河战斗告捷，红军士气大振！

乘胜追击，扩大战果

陈耀汉听说第一七二旅在陈家河遭红军围攻，危在旦夕，立即率第五十八师师部及第一七四旅（欠第三四八团）前来增援，行进到两河口时发现第一七二旅被歼灭，立即掉头向南撤退。

4月15日，下起了大雨。贺龙、任弼时、萧克等经过分析，认为陈耀汉南窜，目标肯定是塔卧，中间必然经过桃子溪，决定在桃子溪再打一仗。

萧克、王震率先头部队2个团冒雨急行军45千米赶到桃子溪，突然向敌师直属队和前卫团发起猛攻。敌人措手不及，被红军打得落花流水，陈耀汉只带着特务连乘黑夜侥幸逃脱。

陈耀汉的第五十八师除第三四八团未参战得以幸免外，其余全部被歼灭。红二、红六军团乘胜收复了桑植县城和永顺、大庸县的部分地区。而敌人的各路“围剿”大军看到第五十八师几乎全军覆没，纷纷后退和收缩，由进攻转入防御。

在陈家河、桃子溪两场战斗中，红军共歼灭敌人1个师部和近2个旅，俘虏2000余人，缴获枪2000余支（挺）、山炮2门。值得一提的是，红二、红六军团以前没有缴获过山炮，这次一下子缴获了2门，大家都非常高兴。后来，其中1门山炮跟随红二、红六军团长征到达陕北，如今收藏于中国人民革命军事博物馆。

★红军在桃子溪战斗中缴获的山炮，现收藏于中国人民革命军事博物馆。

战例点评

陈家河桃子溪战斗是红军指挥员在运动中抓住战机，主动发起的进攻作战行动。此战，红军战机抓得准，指挥机动灵活，给对手以歼灭性打击。如果说捕捉战机得益于指挥员的敏锐和果断，那么战斗的胜利要归功于红军坚决贯彻“集中优势兵力，各个歼灭敌人”的军事方针——通俗来讲就是以多打少，杀鸡偏用宰牛刀。

在此次“围剿”中，国民党军共投入约 11 万人的兵力，而红二、红六军团总共才 1 万余人，敌人兵力十倍于我。但在陈家河战斗中，红军集中主力突击国民党军立足未稳、突出孤立的一个旅，这就使得红军把整体上的劣势变成了局部上的优势。在战斗中，红军又采取穿插分割、各个歼敌的战法，首先集中兵力围歼陈家河以西蒋家垭、田家坡、庙凸山、张家湾的敌人，在得手之后，再歼灭陈家河及以东铜关槽和西南蔡家坪的敌人，这样更进一步放大了局部兵力优势，从而达到了速决全歼的目的。

强渡大渡河

1935年5月上旬，中央红军在巧渡金沙江后，沿会理至西昌大道继续北上。蒋介石判断中央红军将经大渡河深入四川腹地，与红四方面军会合，为此制订了一个“聚歼”计划，还飞抵昆明，指挥实施这一新计划。国民党云南省政府主席、滇军统帅龙云，献计把红军消灭在大渡河边。蒋介石投入20万兵力，企图凭借大渡河天险对红军南攻北堵，“围歼”中央红军于大渡河以南地区。

大渡河是岷江最大的支流，从青藏高原发源，由北向南奔腾在横断山脉中，经过泸定桥至安顺场，突然掉头向东，形成一个90 度大转弯，在乐山汇入岷江。大渡河两岸都是崇山峻岭，沿河有羊肠小道可供通行。

红军把渡河地点选在了位于大渡河拐弯以西 20 千米处的安顺场。

面临生死险境

安顺场是大渡河南岸一个有近百户人家的场镇，也是通往冕宁的要道。安顺场渡口河宽 300 多米，河水流速 4 米 / 秒，水深30 米。河底堆满乱石，形成无数漩涡，俗称“竹筒水”——能让鹅毛沉到河底，人无法游过去，一旦失足就是灭顶之灾。

由于此处水深流急，不能架桥，沿河渡口只有小木船作为渡河工具。横渡时，船不能直达对岸，必须由有经验的艄公掌舵，先上

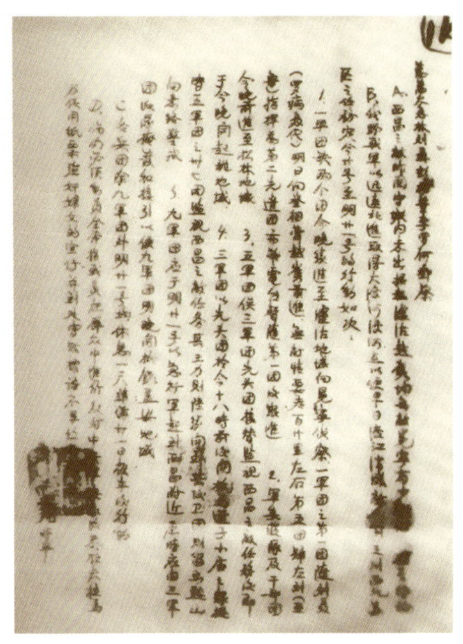

★朱德下达的强渡大渡河的命令

划 1 千米左右再放船，10 多名船工篙橹并用，与水流形成合力，保证船沿一条斜线冲到对岸。对岸渡口有石阶，船如果对不正方向，碰到两侧石壁就会船毁人亡。

72 年前，太平天国翼王石达开率领五六万人到达安顺场附近的紫打地，忽遇大渡河上游发大水，河上的铁索桥已被拆断，不能渡河。前有大渡河，后有清军，石达开率领的太平军被困，最终全军覆灭。

蒋介石急调薛岳指挥的中央军以及第二十军主力、第二十一军一部、第二十四军主力等川军部队，企图“围歼”中央红军于大渡河以南。

红军再次陷入危难境地。中革军委命令部队要抢在各路敌军到来前渡过大渡河，以免重蹈石达开的覆辙。中革军委的电报上多次出现“迅速”等字眼，足见其急切心情。

雨夜急行军

按照蒋介石的命令，第二十四军军长刘文辉将第四、第五旅组成第五师，开赴大渡河布防，其中第五旅守富林至安顺场一带，第四旅守泸定桥附近，杨森率第二十军防守富林以下至金口地区。5月13日，第二十四军第五旅旅长杨学端部到达富林。21日，第二十一军第六旅王泽浚部抵达富林。至此，敌军在安顺场至泸定桥一线布有重兵防守，形势对红军越来越不利。

除此之外，大渡河沿岸还有两大地方势力：一个是富林的屯殖司令羊仁安，势力范围在安顺场下游到富林一带；另一个是安顺场的彝务总指挥部营长赖执中，势力范围从安顺场到上游河道七场。

自红军向大渡河进军以来，羊仁安就坐不住了。为了确保自己地盘的安全，他忙着慰问来往的国民党军队，商讨地方势力如何与军队配合共击红军……凡从这里经过的国民党军官，他都要宴请一番，席间必以石达开覆亡的故事鼓励军心。

5月24日夜，红军先遣队第一师第一团冒雨急行军80多千米赶赴安顺场。这时，国民党军中央军、川军和滇军前堵后追，把红军挤到一个狭窄封闭的地域里。红军一旦被大渡河阻挡，真有可能像石达开所率领的太平军一样陷入被围歼的境地。

占领安顺场

防守安顺场渡口对岸的是刘文辉手下第二十四军第五旅第七团的1个营，营长名叫韩槐阶，他是四川名山百丈场哥老会首领，曾在安顺场流浪多年，沉迷赌博，跟当地豪绅恶霸混得很熟。团长余味儒把这个营部署在这里，就是想利用韩槐阶在地方上的关系，把地主武装组织起来，填补防守上的空隙。

为“确保河防，围厄红军”，蒋介石曾向各河防部队三令五申：收缴大渡河南岸可以用来渡河的船只材料，将其全部集中到北岸；搜集南岸老百姓的粮食，运送到北岸，坚壁清野；南岸如有居民房屋可能被红军利用作为掩体，一律烧毁。

★大渡河安顺场渡口

韩槐阶坚决执行

这些命令，将南岸渡河船只与粮食统统收缴集中到北岸，强迫老百姓搬家。

红军到达当夜，红一团第二营在团政治委员黎林的率领下佯攻渡口下游，团长杨得志率领第一营冒雨分三路隐蔽接近安顺场。川军压根没想到红军会来得这么快，面对红军突然发起的进攻，一败涂地。安顺场守军营长赖执中见大势已去，和几个卫士化装成老百姓，在一片混乱中翻墙逃生。

经过 20 多分钟战斗，红军占领了安顺场。

幸运的是，红军在渡口附近发现了一只小木船。原来，赖执中不愿意在红军到来前就放弃经营了很长时间的家业逃走，于是抱着侥幸心理跟韩槐阶商量，率部留在了安顺场，并留下了木船。结果，木船没能及时撤走，被红军缴获。

十七勇士强渡大渡河

按照计划，红军夺得渡船后应立即渡河。可是，当地百姓都劝阻说：“大渡河水流急，漩涡很多，河底尽是暗礁，对岸又是峭壁，晚上万万不能过河。要过河，必须在晴朗的白天，把船拉到上游渡口，让水性好的船工帮忙，把船划到对岸。”

5月25日晨，红军先遣队司令员刘伯承、政治委员聂荣臻亲临前沿阵地指挥。河面雾蒙蒙的，大约有300多米宽，水流湍急，漩涡一个接一个，河心还有几块礁石，急浪撞在上面，激起很高的浪花。红军无法在这里架设浮桥，也不可能游过去。

再往对岸看，都是几十米高的峭壁，其中一处石壁被劈开，用石块砌成一条孔道，这就是渡口，有很陡的台阶直通上方。台阶约有一间房子宽，共40多级，每级台阶有60多厘米高、30多厘米宽。台阶顶端有3间独立的房屋，四周是半人高的围墙。从碉堡里能俯视河面和台阶，周围布满散兵壕，韩槐阶营就据守此地。

在这种情况下渡河，九死一生！但是，红军仍然决定实施强渡，一营营长孙继先亲自挑选了17名官兵组成渡河突击队，由二连连长熊尚林任队长，此外有帅士高等几名当地船工帮助摆渡。

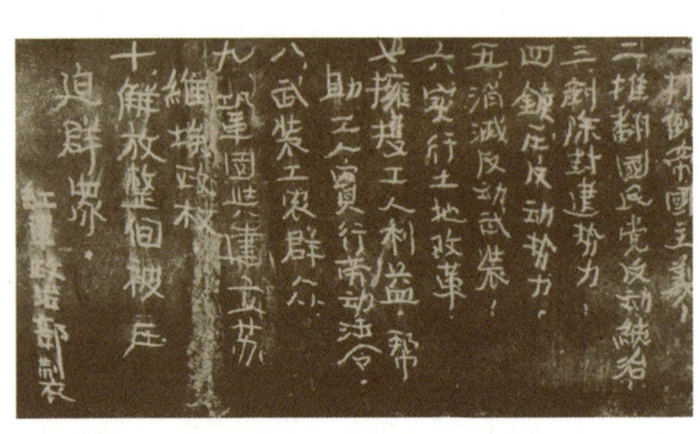

★红军在长征途中留下的标语

在熊尚林的带领下，勇士们每人领取了一支驳壳枪、一挺花机关（冲锋枪）、一把马刀和几颗手榴弹，这是当时红军能给他们配备的最强火力了。

红一团把6挺重机枪全部集中在渡口旁的突出部，也把其他武器都集中起来做好火力掩护的准备。军团炮兵连也在神炮手赵章成的带领下赶来助战。

7时许，强渡开始了！

嘹亮的冲锋号吹响，木船离开岸边，一颠一簸地向着河心冲过去。岸上的红军轻重机枪火力齐开，向对面的川军进行压制射击。川军不甘示弱，拼命还击。

★ 红军强渡大渡河时的指挥楼

小木船在急流和弹雨中艰难前行，眼看着要一头撞向河中的礁石，多亏经验丰富的船工及时跳下水，脚踏礁石，背靠船帮，用力将船推进水里，才使得船在颠簸中继续前行。

岸上的刘伯承心急如焚，大声命令重机枪手李德才封锁川军的火力点，命令炮手轰击川军的碉堡。

李德才轮换使用2挺重机枪扫射敌人，赵章成用迫击炮准确地掀翻了川军的2座碉堡。川军的火力顿时弱了下来，河中央的

★ 1936 年美国记者斯诺（左起第三人）在宁夏与强渡大渡河的英雄们合影。

勇士们拿起船桨和木板拼命划船，木船又开始向对岸移动。木船被激流冲向下游几百米处，靠了岸，熊尚林带领战士们跳下船，蹚着齐腰深的河水向岸上冲去。

敌人的防线土崩瓦解

看到红军勇士们强渡成功，川军慌手慌脚地把滚雷和手榴弹扔下来。渡口很陡，台阶又高，正好构成了隐蔽的死角，敌人投出的滚雷、手榴弹从红军勇士们头上、身旁滚过，在岸边爆炸。

就在红军突击队接近碉堡时，从北岸小村庄阻击工事中跑出 200 多名敌人，他们端着上了刺刀的步枪，顺着山坡上的小路冲下来。

此时情况万分危急，杨得志赶紧冲着赵章成大喊道："给我轰！"

"轰——轰——"，两颗迫击炮弹像长了眼睛，正中敌军中心。机枪子弹也像雨点一样，射向对岸的敌军。

敌人四散奔逃，红军突击队趁机冲进碉堡，控制了主要工事。随后，红军第二梯队乘船登上对岸，和突击队一起牢牢控制了渡口。后续部队则及时渡河增援，一举击溃了守军，巩固了渡河点。

韩槐阶营的溃败，使得敌军第七团全线动摇，敌军官兵惊慌失措，沿着河岸羊肠小道向下游逃窜，就连没有参加战斗的预备队也伙同溃兵逃跑。

担负大渡河北岸防守任务的川军第五旅随之兵败如山倒，蒋介石精心构筑的大渡河防线很快土崩瓦解。

★红军强渡大渡河雕像

此战，大渡河十七勇士临危受命，以大无畏的革命英雄主义精神，冒着密集的炮火向河对岸

★表现红军强渡大渡河的雕像

冲去，成功地为后续部队打开了一条通道，在中国革命战争史上建立了不朽的功勋。

战例点评

事到万难须放胆，狭路相逢勇者胜。强渡大渡河是人民军队征战历程中最能体现“勇”字含义的战斗之一。面对汹涌澎湃的大渡河，面对戒备森严的守军，单凭一叶扁舟强行冲阵，这样的行为已经不能简单用“不怕牺牲”来诠释。在争先恐后报名参加渡河突击队的战士们心中，绝不会有一丝一毫“风萧萧兮易水寒，壮士一去兮不复还”的悲壮和苍凉，而是充满对胜利的渴望和对未来的向往。这种不畏强敌、勇往直前、不怕流血、视死如归的战斗作风，是我军克敌制胜的一大法宝，也是人民军队区别于其他军队的标志之一。这种战斗作风绝不是个人英雄主义的“血性之勇”，而是建立在高度觉悟和科学判断的基础之上，以最大多数人的根本利益为目的，着眼于战斗胜利大局的革命英雄主义。

这场惊天动地的战斗发生于近百年前，今天读来依然会让我们热血沸腾。这种撼人心魄的勇气已经内化为红色血脉中代代传承的基因。它将引领我们在实现中华民族伟大复兴的征程中勇往直前、披荆斩棘，无论遇到何种困难和挑战，它都如同航程中的灯塔一般，为我们照亮前进的道路。

飞夺泸定桥

1935 年 5 月 25 日，中央红军长征先头部队在安顺场成功强渡大渡河，但形势依旧万分险恶。大渡河上的安顺场渡口水流湍急，无法架桥，红军只找到几只小船，要将全军 2 万多人渡过河，至少需要近 1 个月的时间。而尾追而来的国民党军中央军薛岳部第五十三师已经到达西昌北部，正快速赶往安顺场；川军杨森的第二十军等部离安顺场也只有不到 5 天的路程。在大渡河边，毛泽东、朱德、周恩来召开紧急会议，决定兵分两路：红军主力沿大渡河右岸北进，突袭夺取距安顺场 160 多千米的泸定桥；红一军团第一师和干部团继续在安顺场渡河，过河后沿河左岸向泸定桥方向前进，接应从泸定桥渡河的红军主力。一场围绕泸定桥的战斗即将打响。

★泸定桥

泸定桥位于泸定城以西，当时是往来川康的咽喉要道。清康熙四十四年（1705年），为打通北京、成都、拉萨间的通道，清政府下令在大渡河上架桥。此桥净跨100米，净宽2.8米，由13根碗口粗的铁索组成，其中9根并列，上铺木板为桥面，4根为扶栏。泸定桥横跨在汹涌奔腾的大渡河上，两岸是峭壁，东桥头与泸定城相连。

对于中央红军来说，泸定桥是当时大渡河上唯一的通道，也是北上的必经之地。能不能夺占泸定桥，关系到中央红军的生死存亡。

强攻菩萨岗

得知红军先头部队在安顺场强渡大渡河，蒋介石急调川军增援泸定桥。川康边防军总指挥兼第二十四军军长刘文辉急令袁国瑞率第四旅火速增援泸定桥。

袁国瑞不敢怠慢，立即率领部队出发。行进到龙八步附近时，袁国瑞得知红军正在河对岸向相同方向快速挺进，于是命令李全山的第三十八团沿大渡河火速前进，目标是抢占泸定桥，阻止红军主力过河。李全山急令周桂三营由冷碛跑步前往泸定桥。

敌我双方都开始了与时间的赛跑，目标指向同一个地点——

★大渡河上的泸定桥

泸定桥。这是因为，谁先赶到，谁就将取得战场先机！

5月28日傍晚，周桂三营先遣队20余人赶到泸定桥，把所携带的全团连以上旗帜插遍全城，以虚张声势，同时动手拆除泸定桥的桥板，并构筑工事。

这时天降大雨，又是晚间，敌军官兵疲劳不堪，加上鸦片烟瘾犯了，拆除桥板的进度极为缓慢。而此时由周桂三率领的营主力还在泥泞的道路上沿河而上，突然发现对岸也有部队打着火把快速前进。周桂三忙用军号联络，得知是撤退的友军在行动。周桂三怎么也想不到，对岸部队正是红军右路先头部队第一军团第二师第四团！

第二师第四团是5月27日6时由安顺场出发的，一路上，有时要通过绝壁上硬凿出的栈道，有时要沿着蜿蜒起伏的羊肠小道前进，而路边就是汹涌澎湃的大渡河，令人目眩，一失足就会落入万丈深渊！

下午，红四团来到菩萨岗——一座海拔2000多米的高山，这里驻守有敌军1个营。团长黄开湘和政治委员杨成武侦察地形后发现，山间只有一条小路，陡得像天梯，山顶和隘口筑有敌军碉堡。右面靠河，无路可绕；左面是凌空直立的悬崖，崖顶连着更高的山峰。

为了抢时间，黄开湘和杨成武决定强攻菩萨岗。由于山口正面和右面难以攻取，二人商议采取爬上左面悬崖抄川军侧后的方法，从后面袭取隘口。具体部署是：由三营营长曾庆林和总支书记罗华生带 1 个连从左面迂回，其他 2 个连从正面佯攻。

战斗很快结束，红军全歼守军，俘虏 200 余人，缴获各种枪 100 余支，极大地增强了红四团的火力。

河两岸的赛跑

5 月 28 日拂晓，红四团收到红一军团部发来的十万火急的命令，要求第二天夺取泸定桥。杨成武、黄开湘都不由得倒吸一口凉气，因为此时红四团距离泸定桥还有 120 千米，要在一天内走完平时两三天的路，并且途中还有敌人堵截，所遇困难之大难以想象。然而时间不允许二人多想，杨成武、黄开湘立即下令全团跑步前进，务必在第二天 6 点前赶到泸定桥！

★猛虎岗

红四团在前进的道路上又遇到一只拦路虎——猛虎岗。这是一座险恶高山，右边是大渡河，左边是高耸的山峰，中间只有一条羊肠小道。这里是从安顺场通往泸定桥的咽喉要地，山顶的隘口有川军一个营扼守。红四团赶到时，大雾弥漫，川军在工事里因恐慌而盲目地向外放枪。

红四团立即发起攻击，先头营利用大雾掩护，迅速抵近敌军防御工事，然后用刺刀、手榴弹发起攻击。红军没费多大力气，敌军就开始向后溃逃。

红军战士们猛打猛冲，一直追到一个叫摩西面的村落。敌人在溃逃时破坏了村东河上的大桥，红军不得不重新架桥，耽误了2个小时。红军赶到大渡河岸一个有10多户人家的村子时，已是傍晚7点了，杨成武估算，此处距离泸定桥尚有55千米。

天已经黑了下来，因为对岸有敌情，所以部队不能点火照明，只能摸黑前行，速度明显慢了下来。突然，大雨倾盆而至，山路变得湿滑泥泞，一脚踏空就会掉下深渊，简直寸步难行！红军指战员们一天没有吃上饭，每个人的体力都透支到了极限，一旦倒下可能就再也爬不起来了。

坚强的意志支撑着英勇的红军将士，在黑暗的大雨中，他们相互搀扶，坚持前进，饿了就嚼口生米，渴了就喝口雨水……

尽管战士们不顾一切地向前奔跑，雨也渐渐停了下来，但黄开湘和杨成武仍万分着急，因为照这样的速度行进，到天亮时部队肯定无法到达泸定桥。

忽然，河对岸山坳上出现了几点火光，很快变成了一长串火炬，经辨认，是增援泸定桥的川军周桂三营主力在点着火把赶路。黄开湘和杨成武急中生智，命令部队也打起火把赶路，如果对岸联络，就利用被消灭和打垮的川军番号伪装自己，欺骗对方。就这样，红军和川军在黑夜中的大渡河两岸一道走了十几千米。

深夜时分雨又下了起来，对岸川军的那条火龙不见了。红军司号员赶紧吹号询问，得知川军经受不住大雨和劳累，就地宿营了。红四团官兵极为高兴，一个跟着一个拼命向前赶路。

历经千难万险，东方微微发白时，红四团赶到了泸定桥！

红四团很快消灭了桥西还在睡梦中的川军自卫队，占领了西桥头和沿岸阵地。

惊心动魄的夺桥战

天渐渐亮了，杨成武放眼望去，铁索桥东端便是泸定城。

此城一半在东山上，一半贴着大渡河岸，城墙高近10米。西城门正堵在桥头，过桥以后必须通过城门才能进城，没有其他道路可供选择。敌军已在东桥头构筑了工事，架设了轻重机枪，并把靠近东岸的桥板拆掉，只剩下空荡荡的铁索——桥下激流奔涌，令人毛骨悚然。

川军 2 个营也先后到达了对岸，川军团长李全山命令周桂三营以守桥为主，李昭营布置在周桂三营的左翼阵地。敌军凭借天险，不把红军放在眼里，一面在河对岸向这边胡乱射击，一面挑衅地叫喊着："你们飞过来吧，我们缴枪啦！"

黄开湘和杨成武制订了夺桥方案，命令一营分 3 个梯队实施正面进攻：以二连为主挑选 22 名共产党员和积极分子组成突击队，连长廖大珠任突击队长；三连担任二梯队，跟着突击队冲锋，承担铺桥面的任务；一连为三梯队，随三连发起最后的冲锋。二营和三营负责火力掩护，特别是阻击增援的敌人。

16 时，22 名突击队员手持冲锋枪，背插马刀，腰缠十来颗手榴弹，在全团火力的掩护下冒着敌军密集的火力，攀踏悬空的铁索，向着对岸冲击。全团司号员同时吹响冲锋号，所有的武器一起向对岸敌军开火。霎时间，军号声、枪炮声、喊杀声震撼山谷。

突击队历尽千难万险，终于通过了泸定桥。突击队刚刚接近桥头，突然燃起了冲天大火——敌军想用大火阻止红军前进。突击队勇敢地穿过火墙，冲进泸定城，同敌军展开了巷战。敌军集中全力进行反扑，突击队员的子弹、手榴弹都打光了，形势万分危急。

紧要关头，三连长王有才带领第二梯队及时赶到，后续部队也不顾一切地冲过桥去。守军渐渐力不能支，李全山慌忙召集 2

个营长研究对策，并打电话向旅长袁国瑞请示下一步的行动计划。

这时，驻守龙八步的第四旅旅部正遭到红一师的猛烈攻击，袁国瑞自身难保，只答复了一句“我们这里也很紧张”，就挂断了电话。

李全山惊慌失措，认为既然龙八步的情况不妙，红军已经夹江而上，那自己正腹背受敌。想到这里，李全山率领残部退守天全。

经过激战，红四团占领了泸定城，俘虏敌人百余名。傍晚时分，红一师先头部队在击溃袁国瑞部后胜利到达泸定桥边，协助红四团在桥上铺设门板。

摆脱围追堵截

深夜，刘伯承和聂荣臻冒雨从大渡河东岸赶到泸定城，他们不顾鞍马劳顿，坚持要去看看泸定桥是否已被敌人破坏，大部队还能不能从桥上通过。

杨成武提着马灯，陪着刘伯承、聂荣臻从桥东走到桥西，又从桥西走到桥东。刘伯承对每根铁索都看得十分仔细，好像要把整座泸定桥都印在自己的脑海里。

刘伯承走回到桥中央时停住脚步，抚摸着铁索，俯视着大渡河里咆哮翻滚的激流，用力在桥板上连跺三脚，感慨道：“泸定桥呀，泸定桥！我们为你花了多少精力，费了多少心血，现在我们胜利了！”

★红军飞夺泸定桥纪念碑

6月2日，中革军委在泸定桥头召开庆功大会，周恩来为红四团颁发了写有“奖给飞夺泸定桥的红四团”的锦旗，为夺桥的22位勇士发了奖。奖品是印有“中革军委奖”的一套列宁服、一支钢笔、一个日记本、一个搪瓷碗和一双筷子——这是当时中央红军官兵所能得到的最高物质奖励。

在“泸定桥二十二名勇士”中，大部分勇士的姓名已经无从查考，在史料中留有姓名的仅有5人：红一军团第二师第四团第二连连长廖大珠、政治指导员王海云、党支部书记李友林、副班长刘梓华，第三连党支部书记李金山。

随后，中央红军主力浩浩荡荡地从泸定桥上越过天险大渡河，宣告蒋介石“南攻北堵”的大渡河会战计划失败，其让红军成为“石达开第二”的“美梦”也彻底破产。

红军飞夺泸定桥的胜利在中国革命史上写下了光辉的一页，正如评论所言：红军在此夺取的不仅仅是13根光溜溜的铁索，而是整整一个时代！

战例点评

在战争中，面对生与死的考验，战斗意志的强弱往往成为战争胜负的决定性因素。当毛泽东决心夺取距离安顺场 100 多千米的泸定桥的时候，何尝不知道此战之艰巨，因此才有了那一句“我们只能一搏”。杨成武、黄开湘接到夺取泸定桥的命令，没有任何迟疑，带领部队边行军边研究行动方案。随后，红四团便像长了翅膀一样，向着泸定桥飞速前进。后来，杨成武在回忆这段历史时说道：战士们的身体承受力达到了极限，精神承受力也达到了极限，不，是超越了极限！他们实在太疲劳、太饥饿、太困倦了，他们的消耗已经太多太多，剩下的只有信念鼓舞着他们飞奔，意志驱使着他们前进！

红四团官兵用行动告诉我们，“意志”不是一个简单的词语。人民军队之所以能用超出常人的勇气和毅力面对任何艰难险阻，敢于接受挑战，战胜一切艰险，其根源在于坚定的共产主义信念，在于对党矢志不渝的忠诚，在于对祖国和人民诚挚深沉的爱。

板栗园战斗

1935年6月，红二、红六军团创建的湘鄂川黔革命根据地进一步发展壮大，有力地策应了中央红军长征，令蒋介石如坐针毡。于是，国民党军在对长征中的中央红军围追堵截的同时，调集重兵对湘鄂川黔革命根据地进行“围剿”。蒋介石命令湘军、鄂军从南北方向夹击湘鄂川黔革命根据地。红二、红六军团选择战机，利用国民党军第八十五师不熟悉当地情况、孤立冒进的弱点和于己有利的地形，采取声东击西的战术，及时设伏，打响了板栗园战斗。

地处湘西边缘的龙山城，与来凤县相邻，中间夹着酉水——湘鄂两省的交通要道。1935 年 6 月，红二、红六军团在取得忠堡战斗胜利之后回师湘西，以一部兵力围困龙山。守敌有 1 个正规团和 1 个保安团，约 1500 人，据城死守待援。

主动撤围，隐蔽待机

蒋介石为取得对湘鄂川黔革命根据地“围剿”的胜利，把从江西调来利川的第八十五师拨归湘鄂川黔边区“剿匪”总司令徐源泉指挥，并从江西湖口调第二十六军的 1 个师接替第三十四师的防务，让鄂军集

★中革军委湘鄂川黔分会旧址

中力量作战，同时命令湘军、鄂军从南北方向夹击红军。

7月下旬，国民党军集中10个团增援龙山，红二、红六军团主动从龙山撤围，隐蔽集结在龙山以东地区等待战机。

徐源泉的兵力虽然得到加强，但因为此前屡遭红军打击，早已没有了当年“剿匪”的骄狂劲儿，只想着保存实力，因此把部队推进到湖北边界，以加强来凤至宣恩的封锁线，防止红军进入鄂西。

徐源泉于7月30日和8月1日先后下达命令：第三十四师主力和第四十八师1个旅，分别由湖北鹤峰以西的太平镇和宣恩以南的高罗向沙道沟推进；第八十五师经宣恩西南的小关开往宣恩南面的李家河；在高罗的暂编第四旅一部占领水田坝；在来凤的第一二三旅占领李家河，掩护第三十四师主力等部开进。

锁定第八十五师

红军一开始并不知道敌第八十五师已经调到鄂西，参加对湘鄂川黔革命根据地的“围剿”。一天，电台报务员无意中抄收到第八十五师师长谢彬发给徐源泉的电报，才获悉该部已到达咸丰，正准备经板栗园、李家河增援龙山。

第八十五师的到来，立即引起了红二军团军团长贺龙、政治委员任弼时的注意。

★ 1935 年 9 月，红二、红六军团领导人在湖南澧县合影（后排左起：贺龙、李达、关向应、任弼时，前排坐者为王震）。

贺龙、任弼时等认为可以将第八十五师锁定为作战目标，理由是：第八十五师初到鄂西，对当地各种情况都不熟悉；该师行军途中山高林密、峡谷深邃、道路崎岖，侦察搜索和展开部队都很困难；该师从纵深向前运动，戒备较疏忽；鄂西其他敌军分别在几个县城和较大集镇上驻军，点与点之间的空隙很大，便于红军进出。

红二、红六军团决定，集中主力进入鄂西敌人的战役纵深，以伏击或截击战法将第八十五师歼灭于运动中。

埋伏利夫田谷地

为麻痹国民党军，避免作战意图被其识破，红军于 8 月 2

日由龙山以东的兴隆街向北推进至宣恩沙道沟附近，给敌人造成将打击由太平镇、高罗南下沙道沟的第三十四师或第四十八师1个旅的错觉。徐源泉果然上当，急令这两路部队停止前进，严加戒备。

第八十五师前进到上洞坪，师长谢彬原打算稍事休整，待弄清楚情况后再前进，但考虑到红军是向北行动，沙道沟距离自己较远，且近在咫尺的李家河又在友军手中，所以仍决定于3日清晨按原计划继续前进。

红军却突然改变行动方向，在沙道沟附近沿山间捷径向西南疾进。3日11时许，红军提前赶到了第八十五师前进途中的必经之地——板栗园东南利夫田谷地，在这里隐蔽埋伏起来。

利夫田谷地位于板栗园与李家河之间，长约7.5千米，宽不足0.5千米。北侧山上树林茂密，便于隐蔽；南侧则山势陡峭，很难攀登。红四、红六师埋伏在谷地附近的山上，等待敌人自投罗网。

第八十五师遵照命令继续向李家河前进，在到达利夫田西北的板栗园后，就地休息。

红军因行动迅速，隐蔽良好，完全没有暴露。敌人在板栗园看见赶集的人很多，从李家河返回的侦察分队也报告："李家河街上很安静，李家河的友军住在碉堡里。由板栗园到李家河，沿途有钓鱼、打柴和种地的老百姓。"

谢彬据此判断："此地很平静，红军距离尚远，前面又有友军占领的坚固阵地作掩护，现在最紧要的，就是尽快赶到目的地。"

分割包围，快速出击

11 时，第八十五师继续前进，于 12 时许进入伏击地域。

红四师率先开火，将敌前卫第五〇一团死死压制在谷底，发起多路猛攻，将该团截成几段，最后歼灭于三灵沟、谭家岩地区。

★反映板栗园战斗的场景雕塑（侯建平　摄）

★谢彬被击毙处立的石碑

敌特务营和第五〇五团2个营匆忙展开队形，企图抢占红军伏击阵地西面的莫家坡大山，以稳住阵脚。贺龙立即命令红六师先敌控制山头。

当敌人气喘吁吁地爬到离山顶还有三四十米时，红六师的轻重武器突然开火，手榴弹像雨点一样抛入敌阵。之后，红军战士猛冲下去，一举将3个营的敌军全部歼灭。

与此同时，红军后续部队红十七师赶来，从红四师左翼投入战斗，攻击退守谷地南山的敌第五〇五团。残敌群龙无首，前无接应、后无援兵，也全部被歼灭。战斗中，敌第八十五师师长谢彬中弹身亡。

在板栗园战斗中，红军出奇兵，以伏击手段速战速决，共歼灭第八十五师师部另2个团又1个营，俘虏1000余人，缴获长短枪近1000支，迫击炮6门。

板栗园战斗不仅使湘军、鄂军彻底丧失了进攻红军的信心和勇气，而且迫使蒋介石放弃了利用湘军、鄂军“围剿”红二、红六军团的计划，他不得不命令湘军、鄂军停止进攻，转入防御。至此，湘鄂川黔革命根据地军民成功粉碎了国民党军的“围剿”。

★板栗园大捷纪念碑

战例点评

板栗园之战是贺龙指挥的一次经典战斗。在战役指挥上采取的是外线速决的进攻方式，先以声东击西的战术迷惑和调动敌人，再乘机突入敌人的战役纵深，在群敌环伺中一击得手。贺龙形象地称之为“在敌人心脏里捉王八”。

打伏击战，不同的指挥员有不同的指挥风格。此战，红军在贺龙的率领下，以攻对攻，主动出招：先是剑指沙道沟，使得敌军总司令徐源泉急令第三十四师和第一四二旅就地防守，因此露出破绽；随后红军疾进利夫田谷地，设下圈套静待敌人到来。反观敌方，第八十五师初来乍到，自恃装备好、兵力足，没把红军放在眼里。师长谢彬更是自吹自擂:“我的部队从来没有打过败仗，在江西剿匪时就是‘铁军’。”这种骄傲自大的敌人，自然不是红军的对手。

正所谓“不可胜在己，可胜在敌”，不断形成有利于己方的战场态势，等对手犯错时一击而胜，向来是人民军队的拿手好戏，并且此着无解。

腊子口战斗

1935年9月，红军在穿越草地后，面临长征途中最后一道险关——腊子口。腊子口是四川通往甘肃的重要隘口。对于红军来说，此时的形势已经到了极其险恶的境地：如果拿不下腊子口，红军就要被迫掉头南下，重回草地；或者西进，绕道出青海，东进川北，取道三国时期诸葛亮北伐时的旧地汉中。但无论哪种方案，都会让红军再次踏进国民党军早已布下重兵的“口袋”之中。面对敌人的重兵防守和极为不利的地形，红军指战员发扬连续战斗、勇于牺牲的大无畏精神，发起了腊子口战斗。

“腊子”是藏语，意为山青。隘口宽仅十余米，两面都是悬崖峭壁，高达500米，仿佛一把巨斧把山从中劈作两半。中间是腊子沟，腊子河由北向南咆哮着奔腾而过。河水的深度虽然没有一人高，人却很难徒涉过去。河上横架着一座木桥，把两边的绝壁连接起来，这是通过腊子口的必经之路。

★腊子口

如此险要的地形，可谓“一夫当关，万夫莫开”。当地民谣说：“人过腊子口，如过老虎口。”1935年9月，一场事关红军命运的战斗在这里打响。

坚持北上

早在中央红军同红四方面军会师后，中共中央就提出了创建川陕甘苏区根据地的战略方针，红军总政治委员张国焘却主张红军继续向青海、新疆或西康等偏远地区转移。

为贯彻中共中央的北上方针，中革军委将红一、红四方面军混编为左、右两路军。1935 年 8 月底，红军右路军第四、第三十军取得包座战斗胜利，打开了北进甘南的道路。左路军在朱德、张国焘的率领下前进到阿坝地区。

中共中央一再致电左路军向右路军靠拢，以抓住甘南国民党军兵力薄弱的有利时机迅速北上，执行创建川陕甘苏区根据地的战略方针。但是张国焘制造种种借口，拒不执行中共中央的指示，命令已前进到墨洼附近的部队返回阿坝，随后又提出红军主力南下川康边的计划，并背着中共中央电令陈昌浩率右路军南下，企图分裂和危害中共中央。

在这种情况下，中共中央采取果断措施，于 9 月 10 日率右路军中的红一方面军第一、第三军和军委纵队先行北上，并发出《中共中央为执行北上方针告同志书》。

两天后，红一方面军主力到达甘肃迭部县俄界。中共中央政治局在这里召开扩大会议，作出《关于张国焘同志的错误的决定》，坚持继续北上的战略方针。

为便于指挥，会议决定将军委纵队和红一方面军第一、第三军改编为中国工农红军陕甘支队，彭德怀任司令员，毛泽东任政治委员。陕甘支队下辖3个纵队：红一军改称第一纵队，红三军改称第二纵队，军委纵队改称第三纵队。

9月13日，陕甘支队从俄界出发，沿白龙江东岸爬高山、穿密林，继续北上。

初攻腊子口

9月16日，陕甘支队先头部队红四团击溃国民党军一个团的阻截，在当日下午逼近岷山脚下的甘南要隘腊子口。

驻守腊子口的是甘肃军阀、国民党军新编第十四师师长鲁大昌所部2个营的兵力。守敌在山坡上修建了不少碉堡，在桥头堡配置了4挺重机枪，并囤积了大批粮食和弹药。鲁大昌还将师主力配置在从隘口以北到岷县的这段纵深里。此外，驻守岷县县城的国民党军可随时增援腊子口守军。

在鲁大昌看来，腊子口这道天险绝对可以阻断红军北上的道路，红军就是长上翅膀也飞不过去。

9 月 16 日，毛泽东、林彪、聂荣臻联合署名，电告彭德怀，腊子口还有一个营的敌军死守不退——这里是红军前进的必经之地，必须消灭这部分敌军。

彭德怀等人冒雨赶到红二师，和师长陈光、政治委员萧华以及红四团的干部一起，一边察看地形，一边研究攻打腊子口的方案。

红四团先头营求战心切，率先向守军发起攻击。由于周围都是石山，战士们无法隐蔽，连续发起的十几次进攻都被守敌猛烈的火力挡了回来。

“就是刀山也要拿下来”

强攻不成，只能智取。红四团政治委员杨成武和团长黄开湘利用战斗间歇，到前沿阵地仔细观察地形。二人通过侦察发现，或许是构筑时仓促，或者是自恃有天险，敌军的碉堡上面竟然没有顶盖——如果距离合适，把手榴弹投进碉堡没有任何问题！

杨成武和黄开湘经过观察认为，可以通过侧面迂回接近敌人，因为敌人把大部分兵力集中在了正面——他们根本不相信红军能

★红四团政治委员杨成武

爬上耸入云霄的峭壁，两侧几乎未做防御。不过，右岸敌军碉堡旁的悬崖峭壁大约有七八十米高，既直又陡，别说爬上去，就是看看都让人头晕目眩。

关键时刻，一个绰号叫“云贵川”的苗族战士毛遂自荐，说自己能爬上去。这位小战士在贵州入伍，没有名字,参加红军后走过了云、贵、川三省，大家都叫他“云贵川”。“云贵川”从小在家采药、打柴，经常爬大山，练就了一身攀登陡壁的绝活。

杨成武和黄开湘立即制订新的作战方案：杨成武指挥 1 个连从正面进攻，夺取木桥，猛攻隘口；黄开湘率领 2 个连，沿峭壁迂回到敌军侧后方发动突袭，占领隘口。

林彪、聂荣臻批准了这一作战方案，严肃地对杨成武、黄开湘说：“事关全军命运，腊子口就是刀山也要拿下来！”

机智顽强夺天险

黄昏前，红四团把战士们的绑腿收集到一起，拧成两条长绳，用作爬山的工具。负责迂回进攻的战士背挎冲锋枪，腰缠十多颗手榴弹，在黄开湘的率领下开始渡腊子河。

红军最初想直接涉水过河，但水的流速太快，下去的 2 个人还没走到河心就被激流冲走了，只好改用几头骡子来回骑渡。为加快渡河速度，黄开湘命令战士们砍倒两棵大树，放倒在河上，架起了两座独木桥。就这样，等 2 个连的战士全部过河，太阳已经落山了。

“云贵川”赤着脚，腰上缠着用绑腿接成的长绳，手持一根绑上钩子的长杆——用来钩住悬崖上的树根、崖缝，用脚趾抠住石缝、石板，开始一段一段向上爬。这里距离守军虽然只有 200 多米，但因石壁向外突出，敌人发现不了。

“云贵川”没有辜负大家的期望，像猴子那样灵活地攀上险峻高耸的绝壁，然后从上面放下绳索，让战士们顺着这条绳索一个一个攀上去。

在黄开湘率领部队渡河、攀登的同时，杨成武正在对担负正面突击任务的第六连官兵进行紧急动员。入夜时分，攻击开始，连突击队在火力掩护下向隘口的独木桥运动，狡猾的敌军凭借险要的地形和坚固的碉堡，用重机枪构筑起密集的阻击火力，还从石壁工事投掷大量手榴弹，形成了巨大的火力网，突击队几次冲锋都没有成功。

躲在碉堡里的敌人狂妄叫嚣：“你们就是打到明年今天，也别想通过我们鲁司令的防区腊子口！”

此时杨成武心急如焚：已经打了半夜，再有三四个小时天就亮了，而驻岷县的鲁大昌 4 个团离腊子口只隔一座大山，几个小时就能赶过来，红军再拖延下去，局势将更加危急。

可是，黄开湘率领的迂回部队还没有动静。原来，迂回部队爬上山顶后找不到路，连长毛振华摸黑探路，不幸掉进了一个深坑，导致头部负伤，花了大半夜时间才找到一条出击的道路。

此时已经是 9 月 17 日凌晨，负责在山下发起正面攻击的连队召集党员开会，决定挑选 15 名战士组成 3 个突击小组，轮番向桥头发起攻击。就在杨成武等得望眼欲穿的时候，右岸山峰上突然升起一颗红色信号弹，紧接着又升起一颗绿色信号弹，这正是事先约定的进攻信号！

杨成武喜出望外，命令立即打出 3 颗红色信号弹。顿时，山上、山下吹响了冲锋号！

★被红军打烂的腊子口敌军碉堡

右面悬崖绝壁上的迂回部队在黄开湘的指挥下，看准下面没有盖子的敌军碉堡和工事扔下了一颗颗手榴弹。所有机枪和冲锋枪一起开火，敌军死伤惨重，四散奔逃。

山下的突击队员趁势冲向木桥，抡起雪亮的大刀，向着敌军猛砍猛杀。峡谷中刀光闪闪，鲜血四溅。没用多久，突击队员就占领了木桥，控制了隘口上的碉堡。

总攻部队随即兵分两路，沿着河两岸向峡谷纵深扩大战果。经过几个小时的冲杀，红军突破了敌军设在腊子口后面三角地带的防御体系，占领了国民党军预设的几个阵地和几个堆满弹药、物资的仓库。

敌军退到峡谷后段的第二道险要阵地，之后集结兵力，顽固抵抗，企图固守待援。在红军的猛烈进攻之下，敌军一部被歼，残部向岷县方向溃逃。

拂晓时分，红四团占领了天险腊子口，并乘胜向前追击 45 千米。此战红军缴获大批粮食和盐，这对于刚刚走出草地、断粮多日的红军来说无疑是雪中送炭。

苗族战士“云贵川”对战斗胜利起到了关键作用，立下了汗马功劳。但十分可惜的是，他在这次战斗中献出了宝贵的生命，牺牲时只有十六七岁，连真实姓名都没有留下。

战后，聂荣臻来到腊子口桥头，看着地上半尺深的手榴弹残片，伫立良久，慨然长叹：“关非不险，路非不难，倘使我们的部队有一营之众纵深防守，纵有 10 万之师又焉能叩关而入？是我们的部队太勇猛、太机智了！”

戰士

向北進攻——勝利的開始

英勇頑强的

奪取拉子口的模範英雄

★《战士报》刊登红军攻破腊子口的消息。

聂荣臻曾在回忆文章中评价此战：“腊子口一战，北上的通道打开了。如果腊子口打不开，我军往南不好回，往北又出不去，无论军事上政治上，都会处于进退失据的境地。现在好了，腊子口一打开，全盘棋走活了。”

★腊子口战役（斗）纪念碑（张西海 摄）

腊子口战斗是出奇制胜的经典战例，也是红军长征途中生死关头的转折之战。突破腊子口以后，红色铁流滚滚向前，红军进入陕甘地区寻找中国革命新的落脚点，迈向通往胜利的新征程。

战例点评

出奇制胜是古今中外用兵的重要原则，“所谓奇者，攻其无备，出其不意也”。在腊子口战斗中，小战士“云贵川”所在的迂回部队即为奇兵，发挥了一举定乾坤的作用。

毛泽东曾经指出：“什么是不意？就是无准备。优势而无准备，不是真正的优势，也没有主动。懂得这一点，劣势而有准备之军，常可对敌举行不意的攻势，把优势者打败。”此战，敌人的兵力、火力均占优势却只敢据险而守，红军人数少、装备差却勇于进攻，说到底就是因为敌人怯懦而红军英勇，这就是红军之所以胜、敌军之所以败的根本原因。

不论进攻还是防御，不论势优还是势劣，敢战方能言战，善战方能言胜。战争胜负的最终决定因素是人。只要指战员能够始终保持这种藐视敌人的勇气、杀身成仁的豪气、置之死地而后生的胆气，就能够战胜千难万险，打赢硬仗恶仗，战胜强敌。

我们在学习、生活中也会遇到一些困难和挑战，有时甚至要置之死地而后生，红军的这种勇气、豪气、胆气就是我们克敌制胜的一大法宝。当我们面对难以逾越的艰难险阻时，不如放手一搏，总会有成功的机会和希望。要知道，在通往成功的路上，最大的敌人往往是我们自己。

劳山战役

1935年7月中旬，蒋介石调集东北军11个师，晋绥军5个旅和第八十四、八十六师等部，采取“南进北堵，东西配合，逐步向北压缩”的战法，向陕甘革命根据地发动第三次“围剿”。8月下旬，刘志丹率领红二十六军、红二十七军击溃了刚刚西渡黄河入陕的晋军先头部队。9月，红军第十五军团成立。国民党军为了进一步加紧对陕甘革命根据地的“围剿”，进行了新一轮部署。陕甘革命根据地顿时黑云压城，形势紧张。红十五军团巧妙调动敌人，发起了劳山战役。

1935年9月15日，鄂豫皖革命根据地红军第二十五军长征到达陕甘革命根据地。9月17日，中共鄂豫陕省委和中共西北工委联席会议决定，红二十五军同陕甘革命根据地的红军第二十六军、第二十七军合编为红军第十五军团，共7000余人，徐海东任军团长，程子华任政治委员，刘志丹任副军团长兼参谋长。红军反“围剿”的力量迅速壮大。

★1935年9月16日，红二十五军与红二十六军、红二十七军在陕北永坪镇会师，17日成立红十五军团。图为会师时的情景。

这时，国民党军南线的第六十七军由中部县北进，军部率第一〇七师进驻洛川，第六一九团1个营进占羊泉；第一一〇师、第一二九师大部沿洛川至延安的公路推进到延安；第六八五团进驻甘泉。徐海东、程子华、刘志丹等根据第六十七军兵力比较分散的情况，利用甘泉到延安之间的劳山地区群山连绵、树木茂密的特点，决定运用围城打援的战法，给国民党军以重创。

红十五军团的具体作战方案是：以一部兵力包围甘泉县城，切断驻延安国民党军的补给线，迫使其回援甘泉；军团主力前进到劳山地区设伏，等待战机，求歼由延安回援的第六十七军一部。

选择设伏地点

劳山地区树木参天。甘泉北有一条通向延安的公路，路两旁群山连绵，公路夹在中间，整个地形犹如一只口袋，是一个理想的设伏地域。

★徐海东

9月的陕北，阳光仍然炽烈。红十五军团于21日南下，23日行进到甘泉西北的王家坪一带集结。徐海东、刘志丹带着红十五军团的师、团、营级指挥员去察看地形，他们一会儿趴在地上观察，一会儿向山顶搜索，好像要把这里的每一条路、每一个高地、每一棵树都印在脑子里一样。

指挥员们仔细研究了地形，设想出敌人可能采取的所有应对办法，最终选定一条5000多米长的苍绿山峦为设伏地域。各部队的作战位置是：红八十一师师部率第二四一团埋伏在甘泉县城以北白土坡地域，承担正面阻击任务；红七十五师师部率第二二三、第二二五团埋伏于劳山东西两侧；红七十八师师部率第二三四、第二三二团埋伏于小劳山东西两侧；骑兵团埋伏于卢家村、土黄沟地域。

耐心等待敌人上钩

一切准备就绪，而能否引诱敌人进入伏击圈，是这一仗成败的关键。红八十一师第二四三团和地方武装于9月28日包围了甘泉县城，佯装红军主力，虚张声势，摆出一副攻城的架势。

29日，红十五军团主力悄悄进入伏击地域，隐蔽待机。作战计划传达到连队后，战士们无不兴高采烈，摩拳擦掌，纷纷表示："这是到陕北以来的第一仗，一定要打得漂亮！"

一切准备就绪。可战士们耐心等了一天，直到太阳偏西，仍不见敌人的踪影！敌人今天估计不会出来了，因为他们在晚上是不敢行动的。而敌人如果在黎明出发，到达劳山大约要到晌午时分。

难道敌情有变化？红军指战员们并不着急，多次伏击的经验告诉大家，这时更需要耐心等待。

10月1日清晨，国民党军第一一〇师在师长何立中的率领下从延安出发南下。第六三〇团行进到延安西南四十里铺时，侦察到附近有敌情，但详情不明。何立中比较谨慎，命令第六三〇团停止前进，就地警戒，并与延安联络。

何立中在安顿好六三〇团后，亲率师部和2个团继续向甘泉前进。中午时分，第一一〇师行进到距离延安20千米、距离甘泉10千米的地方，这里零散分布着几家住户。国民党军发现这里家家都有做熟的小米饭，询问百姓，说饭是红军刚刚做好的，没来得及吃就“逃”走了。

第一一〇师先头部队第六二八团立即派出侦察兵，搜索前进。下午2时许，第一一〇师终于被引诱到劳山地区，一头撞进了红军预设的伏击圈。

全歼第一一〇师

看到敌人来了，红八十一师第二四一团立即发起攻击。红七十八师骑兵团也从侧后方出击，截断了敌军的退路。红七十五师和红七十八师主力从两侧发起攻击。

徐海东后来回忆："指挥部设在西山上一棵大树下。我从望远镜里看到了敌人的先头部队。原来估计，敌人要是两路行军，必有两个团钻进来，如果再追一下，可以搞到他两个多团。谁想，敌人一露头，是四路前进。看来，何立中太欺负人了！"

时任国民党西北"剿匪"总部粮秣处处长的张政枋回忆：

"锣鼓声、枪声混在一起，震动大小劳山，并齐声大喊大叫说：'中国人不打中国人''东北军枪口应对着日本帝国主义，打回老家去，收复东北失地，不应对着抗日的红

★劳山战役遗址

军’‘红军是帮助你们打回老家去的朋友’。全体官兵闻听后，触动内心，呆若木鸡，无心迎击。

“（东北军）前后不相衔接，师长找不到团长，团长找不到营长，相互践踏，束手无策。正在全师人慌马乱的时候，红军满山遍野一拥而至，枪声、手榴弹声、喊叫声、锣鼓声弥漫了战场。”

据徐海东回忆，敌人虽然也有一些防备，但他们错误地预估了红军可能设伏的地域。据后来抓住的一个参谋说，当时何立中骑在马上，在过了他预计红军设伏的地区后，对参谋长说：“我当共军会打我个埋伏呢！现在出了龙潭虎穴。”话音未落，红军就开枪了，道路两旁机枪、手榴弹一齐射向、投向敌阵。

战场上，几千名敌人乱作一团，不知道该往哪里跑：有一股敌人企图抢夺山头，被打垮了；有的敌人企图往前突围，被红军手枪团挡住了去路……

红军战士边打边喊话：“缴枪吧，你们跑不出去了！”

还有红军战士高喊：“放下武器一律优待！”

有不少敌军士兵了解红军优待俘虏的政策，开始缴械投降。这部分敌人可以说是红军的“老朋友”，他们放下枪后都一脸轻松，有的还开起了玩笑。

有的俘虏说：“我这是第二次向你们缴枪了。”

有的俘虏说：“我是第三次缴枪了。”

有的俘虏发誓说："我一枪没放。"

还有的俘虏问红军战士："你们怎么知道我们要来？"

红军战士回答："我们指挥部特别邀请的呀！"

战斗中，国民党军第一一〇师师长何立中颈部负重伤，当场昏厥，参谋长范驭州被击毙，另有一名团长被俘，一名团长自杀。战后，放下武器的国民党军官兵被带到甘泉西北十几千米的一个村庄里宿营。

何立中躺在甘泉河畔的乱草堆中，夜里苏醒过来，大声呼救，附近的百姓听到后赶了过来。何立中许以重金，让百姓用门板把自己抬到了甘泉城。守卫甘泉城的国民党军看到何立中危在旦夕，急忙向西安军医处请求派飞机送药，然而无济于事，何立中终因伤重而死。

这场战斗持续了5个多小时，红军全歼该部敌军，毙伤师长何立中以下1000余人，俘2000余人，缴获长短枪3000余支，轻重机枪180余挺，炮12门，战马300余匹和电台1部。

★红十五军团欢庆胜利。

参加此次战役的红十五军团所属3支部队来自不同的地

方，有着不同的革命历史。此次战役的胜利，显示出中国共产党领导下的人民军队不管来自什么地方，都有着团结的精神、强大的战斗力和先进性。

扩大战果

国民党军第一一〇师在劳山地区遭受重创的消息传来，西北“剿总”大为震惊，各路“围剿”军更是心惊胆战，惶惶不可终日。第八十四师师长高桂滋决定放弃小据点，收缩兵力，以保全部队。

高桂滋认为瓦窑堡和清涧两地特别突出，万一有变，自己无力支援，因此决定放弃瓦窑堡，巩固绥德防地。考虑到如果连清涧一并放弃，红军能马上逼近绥德，高桂滋决定固守清涧，以保全绥德。

11 月 16 日上午，驻守瓦窑堡的第八十四师五〇〇团团长李少棠接到高桂滋的电报，命令他当天放弃瓦窑堡，把县府人员和重要士绅都带出来。

李少棠召集军官开会，宣读了高桂滋的命令，决定当天午夜出城，由清涧大道向东撤退。李少棠随后来到县政府，通知士绅们：愿意走的火速准备，在东门内集合，12 时出城，随军行动；

愿意留下的，各自考虑。时间迫促，赶快回家准备。

正在慌乱间，有人突然来报告：“不能走了！全城灯明火亮，红军已经在山头察觉！”

李少棠说：“今晚不走，明天红军就来瓦窑堡，把我们层层围定，那就永远不能走了！”李少棠让人传令：提前到晚上 9 时出城，赶 12 时过杨家园子，以摆脱红军的截击。

结果国民党军出了瓦窑堡东门不远就遭到红军阻击，激战数小时，损失惨重，残部最终逃向绥德。红军乘胜追击，拔除了瓦窑堡周围国民党军全部据点。

★劳山战役烈士陵园

中共陕甘晋省委和西北军委移驻瓦窑堡，瓦窑堡成为陕甘革命根据地首府。

此战，红十五军团调动敌人，准确把握战机，巧妙设伏，歼灭了国民党军大量有生力量，取得了战役胜利，巩固和扩大了陕甘革命根据地，壮大了红军力量，为迎接中共中央和中央红军到来创造了有利条件。

战例点评

伏击作战强调出其不意，攻其不备，常见的是待伏、诱伏这两种类型。待伏是预置设伏，即预计敌人必经之路，先秘密设伏，待敌到来后发起进攻。诱伏则是引诱敌人进入伏击地区。劳山战役称得上诱伏的典型战例。

此战，红军先以小股兵力围城，以主要兵力布设“口袋”，只等敌方援军“自觉”地钻进来。伏击作战的关键是耐心——敌人来不来援，进不进伏击圈，何时掉进“陷阱”，都存在变数。这就需要指挥员以极大的耐心，保持部队的肃静与隐蔽，才能实现以逸待劳、出奇制胜。当然，如果出现不利于己方的意外情况，那么指挥员一般都会选择退让，这在指挥上称为“持重待机”。毛泽东讲：“机会总是有的，不可率尔应战。”劳山战役中，红军静伏待敌，就把胜利的机会牢牢抓在自己手中。

青少年朋友，我们在生活中也会遇到一些需要付出极大耐心才能做成的事情，这时就要像劳山战役中埋伏隐蔽的红军指战员一样，在做好准备之后静下心来，等待事情的发展，而不能操之过急、急于求成。

直罗镇战役

1935年10月，中共中央、中革军委率领红军陕甘支队到达陕甘革命根据地吴起镇，胜利结束长征。与此同时，红十五军团取得劳山战役的胜利。蒋介石极为震惊，调集重兵，企图在洛河以西、葫芦河以北地区消灭红军。11月初，陕甘支队在甘泉地区与红十五军团会师，恢复了红一方面军番号，第十五军团编入第一方面军序列。红一方面军下辖第一、第十五军团，共1万余人。彭德怀任红一方面军司令员，毛泽东任政治委员，叶剑英任参谋长，王稼祥任政治部主任。1935年11月20日，国民党军先头部队第一〇九师到达直罗镇。红军以部分兵力诱敌，打响了直罗镇战役。

在此次进攻陕甘革命根据地的国民党军中，既有张学良的东北军、杨虎城的第十七路军，也有中央军胡宗南、关麟征、毛炳文等部，共计十几万人，蒋介石亲自兼任西北“剿匪”总司令。

1935 年 10 月下旬，西北“剿总”调整部署，将兵力分为东西两路，企图首先构成沿葫芦河的东西封锁线，打通洛川、鄜县、甘泉、延安之间的联系，并构成沿洛河的南北封锁线，之后采取“南进北堵，逐步向北压缩”的战法，在洛河以西、葫芦河以北地区消灭红军主力。

直罗镇设伏

国民党军第五十七军代军长董英斌率 4 个师由甘肃庆阳、合水沿葫芦河向鄜县东进，其先头部队于 11 月 1 日进占太白镇；6 日，第六十七军 1 个师沿洛川、鄜县大道北上，配合第五十七军东进。

这时，陕北已经飘起了雪花。与寒冷的天气相比，形势更为严酷。中革军委认真分析了敌我双方的情况，认为敌军兵力多于红军一倍以上，如果让敌人构成东西、南北两条封锁线，红军将很难粉碎“围剿”，中共中央也将无法在陕甘地区立足。

针对敌军的进攻态势，毛泽东、周恩来、彭德怀等决定集中兵力向南作战，首先歼灭沿葫芦河东进的第五十七军1—2个师，再视情况转移兵力，各个歼灭敌人，以打破“围剿”。为执行这项战略，在11月12日后，红一军团推进到九原、上高池、套通地区，红十五军团主力隐蔽集结于张村驿、桃花砭地区。

第五十七军在前进到太白镇地区之后却犹豫徘徊起来，半个月停滞不前。为了调动敌人，制造在运动中歼敌的有利时机，红一方面军决定以1个团加紧对甘泉县城的围攻，造成敌人判断失误，调动第五十七军东进；以另1个团在羊泉镇地区布防，准备阻击第六十七军第一一七师。

果然，西北“剿总”命令第五十七军立即东进。19日，第五十七军留下第一〇八师驻守太白镇，另3个师沿葫芦河向直罗镇前进。敌军先头部队第一〇九师到达黑水寺地区，军部及另2个师前进到张家湾东西地区。

这时，红一军团已前进到石咀、张村驿等地，等待战机。毛泽东、彭德怀向红一军团发来电报，指出敌一〇九师有第二天到达直罗镇的可能性，我军应准备作战。

★直罗镇一角

直罗镇是一个不过百户人家的小镇，三面环山，一条贯通东西的大道穿镇而过，北面是缓缓流淌的葫芦河，东面山坡上筑有土寨，地势险要，是一个设伏的理想场所。红军决定以一部兵力节节抵抗，将敌军大部队引诱至伏击地点。

彭德怀亲自率领红一、红十五军团团以上干部前往直罗镇周围察看地形，研究作战方案。彭德怀、徐海东等几乎走遍了直罗镇周围每个山头。当他们登上紧靠镇东南侧的一个高地时，看到一座用石块堆成的寨子。这个寨子位于山包顶部，像座没有顶盖的碉堡，当地人称它为直罗寨子。

彭德怀停下脚步，思考一下，对站在身旁的徐海东说："这个土寨子，敌人可能会占它！"

徐海东点点头："这个寨子是镇中的制高点，如为敌所用，我们会吃亏。今晚就派一个营拆掉它！"

看过地形，这些久经沙场的将领们一个个兴高采烈，摩拳擦掌，纷纷请战。

包围第一〇九师

作战方案很快被制订出来，红军决定以少数兵力牵制甘泉、黑水寺等地的东北军，集中2个军团的优势兵力围歼即将进入直罗镇一带的第一〇九师，确保伏击战速战速决。

11月20日清晨，在几架飞机的掩护下，第一〇九师师长牛元峰率部兵分三路，沿葫芦河谷及南北山地向直罗镇推进。担负诱敌任务的红军部队节节抗击，且战且退，将敌人一步步引向直罗镇。

下午，敌人气势汹汹地开进直罗镇。此时，骑在高头大马上的牛元峰心情很轻松：第一〇九师是东北军主力，红军就凭这点儿人马和几条破枪就想跟他较量？真是不自量力。

想到这里，牛师长命令手下向“剿匪”总部和军部发报：“我部已击溃‘赤匪’主力，占领直罗镇。”

不过，作为张学良的心腹爱将，牛师长也不是等闲之辈。他注意到了周围地势险恶，思考片刻，命令2个团分别驻守直罗镇两侧高地，做好警戒；第一一一师的1个团回归建制；自己带着师部和另1个团进驻直罗镇。

天色越来越暗，第一〇九师官兵已经在黄土高坡上走了整整一天，人困马乏、又饥又渴，于是冲进镇里大肆劫掠老百姓的粮食和家畜，准备饱餐一顿，庆祝“胜利”。

就在敌人疏于防范的时候，红一、红十五军团在黑夜掩护下迅速向直罗镇开进。深夜时分，红军将第一〇九师团团围住。

此战直接关系到中共中央和红军能否在陕北站稳脚跟，毛泽东亲临前线，将指挥所设在北山坡吴家台北端高地上的几孔破窑洞附近。毛泽东斩钉截铁地说：“这个仗一定要打好！”“我们要的是歼灭战，不是击溃战！”

快速歼灭敌军

11 月 21 日拂晓，战斗打响了！

嘹亮的冲锋号声响起，红一军团由北向南、红十五军团由南向北，犹如两只铁拳，向直罗镇猛砸过去。

牛元峰从睡梦中惊醒，听到四周密集的枪炮声，明白自己被红军主力包围了。牛元峰一面向军部发电报求援，一面命令各团占据有利地形，拼死抵抗，企图固守待援。

第一〇九师在红军将士的勇猛冲锋之下很快陷入被动，但敌

★ 直罗镇战斗遗址

人凭借精良的武器装备负隅顽抗。战斗打得很艰苦，也很残酷。

直罗镇附近的葫芦河两岸是这次作战的主战场。战士们下水后才发现河水并不像想象得那么浅，水一下子就淹到了胸部，刚换上的新棉衣全湿透了。不少战士的鞋子陷到淤泥里，只能赤着脚跟敌人拼杀。

经过几个小时激战，红军占领了直罗镇两侧高地，守在这里的敌军大部被歼，一个团长被击毙，一个团长举枪自杀，残部向镇内溃逃。红军乘胜追击，将残敌围堵在两山之间的一条山沟里，集中火力予以痛击。红一军团第二师已攻进镇里，牛元峰急忙收缩剩余兵力，实施疯狂反扑，企图突围逃走。

战斗进行得十分激烈。从江西瑞金参军起就跟随聂荣臻的老警卫员孙起锋，在离聂荣臻不远的阵地上冲锋时中弹牺牲。聂荣臻十分伤心，战后将孙起锋牺牲时背的一只带血的图囊留在身边作为纪念，中华人民共和国成立后又将它捐赠给中国人民革命军事博物馆永久收藏。

战至午后，第一〇九师 2 个团和师直属队被歼灭，残部 500 余人在牛元峰的带领下仓皇窜入镇东头的小寨子里，用一天前红军拆下的石头重新砌成围墙，并抢修工事，继续负隅顽抗。

迎击援军，全歼残敌

西北“剿总”下达了兵分三路救援牛元峰部的计划。不过，在命令发出后，三路援军中只有董英斌率领的第一〇六师、第一一一师不敢怠慢，立即驰援直罗镇，其余两路援军要么行动迟缓，要么按兵不动。根据这种情况，红一方面军领导决定以少数兵力继续围困牛元峰残部，并阻击由鄜县西援的第一一七师，主力向西迎击前来增援的第一〇六、第一一一师。然而援敌已被红军的神勇吓倒，无心恋战——第一〇六、第一一一师在遇到红军后，装模作样地“进攻”一番，转身沿葫芦河西撤。

聂荣臻亲自带着红一军团主力和红十五军团 2 个营冒雪跟踪

追击，在张家湾到羊角台途中歼灭第一〇六师1个团，敌军余部狼狈退回太白镇。敌第一一七师在遭遇红十五军团第八十一师阻击后，退回了鄜县县城。

留在直罗镇的红军向困守小寨子的第一〇九师残部发起进攻，敌军依托临时构建的工事，以猛烈火力将红军的进攻部队压制在高地下面的干涸河川里。

徐海东后来回忆道："这个小寨虽被我军事先拆毁，但敌人昨天下午到达后又连夜改修，加上地形复杂，易守不易攻。我们派了一支小部队攻了一次，没能打上去。正组织第二次猛攻，通信员报告说：'周副主席来了。'

"这时太阳已升起了老高。我们向山上看去，只见周副主席同其他同志从山上走下来。他们都拿着望远镜，边走边向敌人固守的小寨子观察。等走到我们近前时，周副主席和干部们一一握手，详细地询问了第一次攻击的情况。

"最后周副主席指示：敌人已经成了瓮中之鳖，不好攻暂且围着算了。寨子里既没粮，又没水，他们总是要逃跑的，争取在运动中消灭它。"

果然不出周恩来所料，牛元峰率残部又在土寨子里坚持了一天，断粮断水的困境导致军心涣散。援军迟迟不来，牛元峰不愿意在寨子里坐以待毙，决定乘天黑突围，向西逃跑。

★直罗（镇）战役烈士纪念碑

一定要把这头“牛”追回来！敌人西逃后，红军追出十几千米，终于在直罗镇西南的一座小山上追上了敌人并实施包围。至24日，这股残敌全军覆没，不是被击毙，就是做了俘虏。

此战，红军共击毙、击伤、俘虏国民党军6300人，缴枪约3700支（挺），打破了国民党军对陕甘革命根据地的第三次“围剿”，巩固了陕甘革命根据地，为中共中央把全国革命的大本营放在西北举行了奠基礼！

战例点评

战场上必有一点可被称为战役重心或战役枢纽，是敌我双方必争之处。此战，直罗镇就是战役枢纽。直罗镇位于葫芦河中游，是控制葫芦河的关键点。敌人如果控制了葫芦河，构成沿河封锁线，进而北接甘泉、延安，沟通洛河封锁线，那必将红军限制在葫芦河以北、洛河以西的三角地区。这样红军不仅不能向南发展，而且不易打破敌人的“围剿”，革命根据地亦难以巩固。对于这一点，国民党军也看得很清楚。

既然是敌我必争之地，那就要做好充分的战斗准备。从11月初开始，红军就派部队消灭和驱逐了张村驿、套通、东村等地的反动民团武装，为主力部队隐蔽开进做好了准备。同时组织两个军团的团以上干部到直罗镇做战场勘察，进行地形图测绘工作。为了防止敌军据险而守，红军还派部队平毁了直罗镇寨子，这些都为战役胜利打下了良好的基础。

充分的准备是赢得胜利的基础，战争如此，诸事皆是如此。“凡事预则立，不预则废。”不论工作还是生活，多准备几手，多学习几种技能，看似闲棋冷子，在关键时刻也许有大作用，能给我们带来意料之外的收获。

山城堡战役

1936年10月9日，红四方面军指挥部与红一方面军在甘肃会宁会师。22日，红二方面军指挥部与红一方面军在静宁将台堡会师。红军三大主力胜利会师，标志着长征胜利结束。会师后，红军主力向北推进到海原、靖远打拉池地区，严重动摇了国民党在西北地区的统治。蒋介石调集大军，兵分四路，向红军进攻。为吸引其中一路胡宗南部孤军深入，11月16日，红军各部向山城堡南北地区集结。21日，红军发起山城堡战役。

红军三大主力会师后，为粉碎敌人的进攻，推动抗日民族统一战线建立，1936 年 10 月下旬，按照中革军委的部署，红四方面军第三十军渡过黄河。随后，红九军、红四方面军总部和红五军等也相继渡过黄河，准备发起宁夏战役。

但是，由于张国焘的干扰和敌情的变化，红军几次歼敌计划连续落空，已渡过黄河的红四方面军一部孤悬于河西，而河东的红军主力也在敌军的重兵围攻下处于回旋余地狭小的地区。

★会宁大成殿——朱德在此发表庆祝红军长征胜利的讲话

★参加长征到达陕北的中国工农红军一部

而蒋介石不顾中国共产党一再提出的“停止内战，一致抗日”的主张，继续坚持“攘外必先安内”的反动政策，亲自坐镇西安督战，调集第一、第三、第三十七军，东北军第六十七军和骑兵军等5个军的重兵，准备分四路发起进攻，企图将红军消灭在靖远、海原地区。

向山城堡集结

10月底，红一方面军第一、第十五军团和红八十一师，红二方面军第二、第六军团及红四方面军第四、第三十一军，开始由打拉池、海原地区向东转移，寻找歼敌战机。

11 月上旬，红军进抵宁夏何家堡地区，占据有利地形，准备给胡宗南第一军以毁灭性的打击。关键时刻，张国焘命令红四方面军第四军东撤，使得伏击计划遭到破坏，加上国民党军出现新的动向，红军不得不继续东撤。

国民党军队趁机占领了海原、同心等地，蒋介石判断红军经过长途跋涉已至穷途末路，决心集中兵力从庆阳、固原、七营、同心、中卫等地进击红军，妄图南北夹击，在庆阳地区全歼红军，进而直捣陕北。

到 11 月 15 日，红军各部分别转移到豫旺堡、毛居井以东和环县以西以及萌城、甜水堡地区。这时，敌第三十七军正准备西渡黄河“追剿”红军河西部队；东北军第六十七军和骑兵军虽在蒋介石的再三催促下向前推进，但行动缓慢；第三军进占同心城后，也停止前进；只有胡宗南率领的第一军紧紧尾追红军，前进到豫旺地区。

为进一步吸引胡宗南部孤军深入，11 月 16 日，红军各部向山城堡南北地区集结。胡宗南果然上当，认为红军已溃不成军，于是把第一军分成三路，继续追击红军。命令下达不久，左路第一师第一旅第二团团长杨定南就被红军的冷枪打死。当时杨定南正站在高地上用望远镜察看地形，突然被从侧面打来的两枪击中，当场毙命。

胡宗南闻讯心中一惊。不料没过多久又传来坏消息：中路第一师第二旅第三团刘超寰部遭遇红四方面军伏击，伤亡惨重，团长刘超寰中弹，被打成重伤。

一天之内 2 名团长一死一重伤，胡宗南恼羞成怒，命令各部继续追击红军。蒋介石认为国民党军队已从东、南、西三面包围陕甘革命根据地，于是电令胡宗南率部火速向定边、靖边方向追击，同时严令第六十七军和骑兵军快速推进，以配合胡宗南部行动。

第六十七军是东北军。张学良此前已经跟红军秘密达成互不侵犯的约定，密令第六十七军军长王以哲不要与红军发生冲突。为敷衍蒋介石，王以哲发电报称追击命令已经下达，东北军各部开始行动。实际上，在此后 3 天，东北军都以极慢的速度行进。

11 月 18 日，胡宗南部左路军在占领惠安堡后，主力向定边、盐池一线推进；右路军第七十八师误以为红军主力已向洪德、环县方向转移，便孤军向山城堡方向追击。

合围山城堡

山城堡四周沟壑纵横，土寨很多，地形复杂，便于大部队隐蔽，是一个理想的歼敌战场。彭德怀决定在这里集中优势兵力，歼灭孤军深入的第七十八师。

具体作战部署是：红一方面军第一军团在山城堡以南隐蔽待机；第十五军团一部诱敌东进，主力隐蔽在山城堡以东及东北山地；红四方面军第四军主力埋伏在山城堡东南地区，第三十一军埋伏在山城堡以北地区，隐蔽待机；红二十八军、红二十九军、红三十一军一部分别钳制胡宗南左路和中路；红二方面军第六军团和红一方面军第八十一师等部在洪德城、环县以西地区迟滞东北军第六十七军和骑兵军；红二方面军主力集结于洪德城以北水头堡地区，作为总预备队。

★山城堡战役遗址

11 月 20 日，山城堡附近

大雪纷飞，天气寒冷。红军设伏的各支部队隐蔽进入山城堡南、东、北地区。

国民党军第七十八师第二三二旅前进到山城堡地区，发现这一带“居民逃避，十室九空，给养柴草，无处购买”。

更为严重的是，这里没有水源，第二三二旅旅长廖昂派人多方打探才得知山城堡有一处大泉水，可以供数千人饮用，于是决定就地宿营。

当晚，彭德怀下达作战命令。此战，国民党军第七十八师师长丁德隆和红一军团代军团长左权既是湖南同乡又是黄埔一期同学。

左权认为，国民党军第七十八师装备精良，拥有各种火炮和重火器，并有飞机支援，善于打正规战和阵地战，红军跟它死打硬拼无济于事，只会增加自身伤亡。红军只有隐蔽作战意图，秘密接近敌人，突然发起攻击，充分发挥夜战优势，才能取得胜利。

为此，左权专门把红二师师长杨得志叫到指挥部，向他详细介绍敌我态势，使其明确军团的作战意图和部署。

第二三二旅在山城堡宿营后，旅长廖昂按照丁德隆的命令修筑工事。但廖昂仍不放心，派出两个连沿着通往洪德的大道侦察。这支侦察部队在八里铺以南遭到红一军团一部攻击，大部分被歼灭，余部慌忙逃回山城堡。

廖昂感到大事不妙，正准备再派部队侦察，山城堡上空突然出现一架飞机，投下一个标有“紧急”字样的通信桶，里面有一份紧急情报：红军大批部队正从东、南、北三面向山城堡开进，有包围山城堡的态势，具体人数不明。

廖昂看完十分震惊，赶忙召集会议商议对策。廖昂认为山城堡的地形对于防守一方极为不利，在会上主张立即后撤到曹家阳台山地固守。

不过，深受胡宗南器重的第四六四团团长晏俭坚决反对，他认为山城堡四周地形险恶，如果撤退途中被红军伏击，只会败得更惨，不如凭山城堡修筑好的工事组织防御，同时向附近的友军和空军求援。

廖昂听取了晏俭的意见，决定在山城堡固守待援。

激战山城堡

11 月 21 日，红军对山城堡的敌人发起了进攻。

杨得志率领红二师迅速向山城堡西北方向秘密前进，很快赶到了哨马营，与红十五军团一部从南、北两个方向同时向守敌发起突然进攻。

对于第二三二旅来说，哨马营一旦失守，其后退的道路将被切断。因此，廖昂派出2000多人驻守哨马营，并在四周山头上修筑了碉堡，但由于时间仓促，其所修筑的碉堡相距较远，无法互相支援。

身经百战的杨得志很快就看到了守敌的这个死穴，决定采用各个击破的战术，在集中火力压制敌军的同时，组成爆破小分队实施突击，把碉堡一座一座炸掉。

激战至黄昏，哨马营大部分阵地被红军攻陷。胡宗南意识到情况不妙，立即命令各部向山城堡集结，同时命令第二三二旅死守待援，让他们再坚守一天。但是，廖昂已经乱了阵脚，认为死守下去必定全军覆没，于是下令向曹家阳台转移。

这时天已经黑了，红一军团第一、第四师和红三十一军趁势出击，从山城堡南、东、北三个方向发起总攻。第二三二旅溃不成军，红军很快攻进山城堡，并乘胜追击，将大部分敌军压缩在山城堡西北的山谷中。

战至22日上午，红军全歼了被围的敌人。与此同时，红二十八军击溃了敌第一师第一旅。胡宗南第一军其余各部仓皇西撤，山城堡战役胜利结束。

在山城堡战役中，红军共歼灭国民党军第一军第七十八师1个多旅，沉重打击了蒋介石嫡系胡宗南部的嚣张气焰，迫使敌人暂时停止了对陕甘革命根据地的进攻，壮大了红军的声威，对促进“逼蒋抗日”方针的实现起到了积极作用。

山城堡战役是红军三大主力会师后取得的第一次胜利，对于巩固陕甘革命根据地起到了积极作用，为长征画上了圆满的句号。

山城堡战役纪念碑

战例点评

山城堡战役胜利的关键在于选择正确的作战方向。在这次战役中，红军的对手有胡宗南指挥的中央军等部，也有张学良的东北军和杨虎城的西北军。而红军初到西北，立足未稳。在这种情况下，摆在红军面前的关键问题是如何首先打破敌人的进攻，尽快摆脱南北两敌夹击的不利局面，因此选择哪路敌人为首要歼击目标就变得很关键。

在南北夹击的敌人中，胡宗南部无疑是一支强敌，不过该部是南面追击之敌中的骨干，一旦被歼灭，其他敌军必然畏惧不前。此外，胡宗南部是国民党军嫡系部队，骄横轻敌，与其他非嫡系部队矛盾重重，如果被围，得到周边友军全力支援的可能性比较小。东北军和西北军战力稍差，如果红军将其作为重点歼击对象，虽然打击难度略小，但并不能达成战役和战略目的——既不能从根本上粉碎国民党军的进攻，又不利于分化、孤立敌人，也不利于抗日民族统一战线的形成。事实证明，这次战役向南作战，选定胡宗南部作为重点歼击目标，是战役取得圆满胜利的关键。

对于每个人、每个团体甚至国家来说，选择方向都是一道经常遇到的题目，也常是一道难题。量力而行、从长计议都是帮助我们做出正确选择的重要准则——目标过大，难以实现；只看眼前，后继乏力。无论在战场上还是在生活中，我们都没有最佳选择，只有最合适的选择。